Ye   23616

BIBLIOTHÈQUE
FRANÇAISE.

ŒUVRES COMPLÈTES
DE
GRESSET.

TOME TROISIÈME.

PARIS,
MÉNARD ET DESENNE, FILS.

1822.

ODES.

ODE PREMIÈRE.
AU ROI,
SUR LA GUERRE (*a*).

Ainsi les héros de Solime
Respectaient le sang des humains;
Ainsi, pour désarmer le crime,
Ils n'armaient qu'à regret leurs mains:
A l'ombre des sacrés portiques,
Rois citoyens, rois pacifiques,
Ils fuyaient les champs du trépas;
L'ordre exprès du dieu des batailles
A de sanglantes funérailles
Pouvait seul conduire leurs pas.

Toujours l'ange de la victoire
Précédait leurs fiers bataillons,
Toujours les ailes de la gloire
Reposaient sur leurs pavillons:
Tels sont les exploits et les fêtes
Que l'aurore de tes conquêtes,

(*a*) En 1733.

ODE I.

Grand roi, présage en tes beaux jours,
Des princes l'honneur de son temple
Le ciel te voit suivre l'exemple,
Il te doit les mêmes secours.

Combattre et vaincre sans justice,
De tous les rois être ennemi,
C'est être héros par caprice,
C'est n'être héros qu'à demi :
Loin de nous ces vainqueurs bizarres,
Qui, de leurs sujets, rois barbares,
Méprisent les cris douloureux !
Loin cette gloire trop funèbre,
Qui, pour les jeux d'un fou célèbre,
Fait un peuple de malheureux !

La France, exempte de ces craintes,
Souscrit aux vœux de ta vertu ;
Ses palmes ne seront point teintes
D'un sang à regret répandu :
Instruite que tu dois tes armes
Au sort du monde, à ses alarmes,
Aux égards d'un auguste amour,
Sa fidélité s'intéresse
A cette héroïque tendresse
Qui forge ton glaive en ce jour.

Moins sensible aux conquêtes vastes
Qu'à l'heureux sort de tes sujets,

AU ROI.

Tu faisais écrire tes fastes
Par la main seule de la Paix ;
Mais le Souverain des armées
Veut que tes mains plus renommées
De lauriers chargent ses autels.
Prends la foudre, et montre à la terre
Que ton cœur n'épargnait la guerre
Que pour épargner les mortels.

Quels plus équitables trophées
Que ceux que va dresser ton bras
Sur les discordes étouffées (a),
Sur un reste de cœurs ingrats !
En vain l'Envie, au pas oblique,
D'une suprême république
Vient tenter la fidélité,
Et lui porte d'indignes chaînes
Sous les apparences trop vaines
De secourir sa liberté.

Tu ne parais dans la carrière
Que pour dissiper ces complots,
Et lever l'injuste barrière
Qui ferme un trône à son héros,
Secondé par d'heureux ministres,
Tu brises ces trames sinistres.
Qu'il règne ce roi vertueux !

(a) La Pologne.

ODE I.

Sa gloire était moins bien fondée,
Et sa vertu moins décidée,
S'il n'avait été malheureux.

Tel qu'après l'éclipse légère
De son empire étincelant
Du sein de l'ombre passagère
L'astre du jour sort plus brillant;
Tel, vers les régions de l'Ourse,
Stanislas reprenant sa course
Éclate enfin dans tout son jour :
Nos cœurs s'envolent à sa suite,
Et jusqu'aux chars errans du Scythe
Portent la voix de notre amour.

Toi, que la Suède en vain desire (a),
Si quelque soin touche les morts,
Ombre, que la Vistule admire,
Que ne reviens-tu sur ses bords ?
Ton aspect domptant la furie
Dans les antres de Sibérie
Replongerait leurs habitans :
Mais tandis que je te rappelle,
Stanislas dans l'ombre éternelle
A précipité ces Titans.

Il règne. Agile Renommée,
J'entends ta triomphante voix;

(a) Charles XII.

AU ROI.

La Rébellion désarmée
Tombe, et se range sous ses lois.
Que la brigue s'anéantisse!
Dissipe, céleste Justice,
Un fantôme de royauté;
Assure à son unique maître,
Au seul qui mérite de l'être,
Un trône deux fois mérité.

Noble compagne des disgrâces
Et des splendeurs d'un tendre époux,
Les cieux t'appellent sur ses traces,
Va partager des jours plus doux :
Ton goût, tes vertus révérées,
Tes grâces, paraient nos contrées ;
Tu vas emporter nos regrets.
Heureux, en perdant ta présence,
Que l'Esther qu'adore la France.
Te retrace dans ses attraits !

Ainsi des rois ton nom suprême,
Puissant Louis, est le soutien ;
En défendant leur diadème
Tu relèves l'éclat du tien.
Où sont ces rivaux indomptables
Qui bravaient tes vœux équitables ?
Qu'ils paraissent à nos regards !
Mais quoi ! leurs cohortes craintives
Ont déjà déserté leurs rives,
Et tu règnes sur leurs remparts.

ODE I.

Doutaient-ils donc que ce tonnerre
Ne fût encor celui d'un roi
Qui sut imposer à la terre
Un silence rempli d'effroi ?
France, si long-temps assoupie,
Va foudroyer leur ligue impie
En souveraine des combats;
Et compte encor sur leurs murailles
Tes triomphes par tes batailles,
Et tes héros par tes soldats.

Mânes français, mânes illustres,
Vous vainquez dans vos nourrissons ;
Dans un loisir de quatre lustres
Vos faits ont été leurs leçons :
Ils rentrent, héritiers fidèles,
Dans ces altières citadelles,
Où la gloire porta vos lois;
Au sein des palmes de nos pères
De leurs fils les destins prospères
Ont fait éclore les exploits.

Guidés par ces foudres rapides
Que toujours Mars favorisa,
Ils marchent, vainqueurs intrépides,
Aux yeux du héros d'Almanza.
Tributaire encor de la Seine,
Superbe Rhin, calme ta peine,
Console tes flots en courroux,

AU ROI.

De l'Éridan l'onde enchainée
Va partager ta destinée,
Et ne plus couler que pour nous.

Je vois Villars, c'est la victoire;
Il fut héros, il l'est encor:
Un nouveau trait s'offre à l'histoire,
Un Achille dans un Nestor:
Sûr de remettre l'aigle en fuite,
Fait à vaincre, il mène à sa suite
Les Amours, devenus guerriers;
Et les Ris, en casques de roses,
Dans son second printemps écloses,
Portent sa foudre et ses lauriers.

A sa belliqueuse allégresse
Les vieux vainqueurs qu'il a formés
Sentent renaître leur jeunesse
Et leurs courages ranimés,
Sur leurs chars, en chiffres durables,
Ils gravent les noms mémorables
De Stollhoffen et de Denain;
Déjà, par un nouveau prodige,
Ils ferment les bords de l'Adige
Aux secours tardifs du Germain.

Amans des vers, ô que de fêtes
Vous promettent ces jours heureux!
De nos renaissantes conquêtes

Renaîtront nos sons généreux :
Reprenons ces nobles guitares
Que touchaient nos derniers Pindares
Pour le héros de l'univers ;
Fleurissez, guirlandes arides :
Toujours les siècles des Alcides
Furent les siècles des beaux vers.

Grand roi, sur ce brillant modèle
Dissipe le sommeil des arts :
Ranime leur burin fidèle ;
Par lui revivent les Césars.
Connaît-on ces rois insensibles,
Dont les trônes inaccessibles
Furent fermés aux doctes voix ?
Ils n'avaient point fait de Virgiles ;
La mort plongea leurs noms stériles
Dans la populace des rois.

Fais naître de nouveaux Orphées ;
C'est le sort des héros parfaits :
Ils assureront tes trophées
En éternisant tes bienfaits.
De tes victoires personnelles
Puissent leurs lyres immortelles
Entretenir les nations,
Dès que dans nos vertes prairies
Zéphyr sur ses ailes fleuries
Ramènera les Alcyons !

AU ROI.

Alors les Muses unanimes
Chanteront de nouveaux Condés :
Déjà par leurs faits magnanimes
Les tiens ont été secondés ;
Les Grâces briguent l'avantage
De chanter seules le courage
Du jeune héros (a) de leur cour ;
Le Rhin l'eût pris, à son audace,
Pour le conquérant de la Thrace,
S'il n'avait les yeux de l'Amour.

ODE II.

SUR L'AMOUR DE LA PATRIE.

Dans cet asile solitaire
Suis-moi, viens charmer ma langueur,
Muse, unique dépositaire
Des ennuis secrets de mon cœur.
Aux ris, aux jeux, quand tout conspire,
Pardonne si je prends ta lyre
Pour n'exprimer que des regrets :
Plus sensible que Philomèle,
Je viens soupirer avec elle
Dans le silence des forêts.

(a) S. A. S. monseigneur le prince de Condé.

ODE II.

En vain sur cette aimable rive
La jeune Flore est de retour ;
En vain Cérès, long-temps captive,
Ouvre son sein au dieu du jour :
Dans ma lente mélancolie,
Ce Tempé, cette autre Idalie
N'a pour moi rien de gracieux ;
L'amour d'une chère patrie
Rappelle mon ame attendrie
Sur des bords plus beaux à mes yeux.

Loin du séjour que je regrette
J'ai déjà vu quatre printemps ;
Une inquiétude secrète
En a marqué tous les instans ;
De cette demeure chérie
Une importune rêverie
Me retrace l'éloignement.
Faut-il qu'un souvenir que j'aime,
Loin d'adoucir ma peine extrême,
En aigrisse le sentiment ?

Mais que dis-je ? forçant l'obstacle
Qui me sépare de ces lieux,
Mon esprit se donne un spectacle
Dont ne peuvent jouir mes yeux.
Pourquoi m'en ferais-je une peine ?
La douce erreur qui me ramène
Vers les objets de mes soupirs

SUR L'AMOUR DE LA PATRIE.

Est le seul plaisir qui me reste
Dans la privation funeste
D'un bien qui manque à mes desirs.

Soit instinct, soit reconnaissance,
L'homme, par un penchant secret,
Chérit le lieu de sa naissance,
Et ne le quitte qu'à regret ;
Les cavernes hyperborées,
Les plus odieuses contrées
Savent plaire à leurs habitans ;
Sur nos délicieux rivages
Transplantez ces peuples sauvages,
Vous les y verrez moins contens.

Sans ce penchant qui nous domine
Par un invisible ressort,
Le laboureur en sa chaumine
Vivrait-il content de son sort ?
Hélas ! au foyer de ses pères,
Triste héritier de leurs misères,
Que pourrait-il trouver d'attraits,
Si la naissance et l'habitude
Ne lui rendaient sa solitude
Plus charmante que les palais ?

Souvent la fortune, un caprice,
Ou l'amour de la nouveauté,
Entraîne au loin notre avarice
Ou notre curiosité ;

ODE II.

Mais sous quelque beau ciel qu'on erre,
Il est toujours une autre terre
D'où le ciel nous paraît plus beau :
Loin que sa tendresse varie,
Cette estime de la patrie
Suit l'homme au-delà du tombeau.

Oui, dans sa course déplorée
S'il succombe au dernier sommeil
Sans revoir la douce contrée
Où brilla son premier soleil,
Là son dernier soupir s'adresse ;
Là son expirante tendresse
Veut que ses os soient ramenés :
D'une région étrangère
La terre serait moins légère
A ses mânes abandonnés.

Ainsi, par le jaloux Auguste
Banni de ton climat natal,
Ovide, quand la Parque injuste
T'allait frapper du trait fatal,
Craignant que ton ombre exilée,
Aux ombres des Scythes mêlée,
N'errât sur des bords inhumains ,
Tu priais que ta cendre libre ,
Rapportée aux rives du Tibre,
Fût jointe aux cendres des Romains (a).

(a) Trist., l. 3, E.

Heureux qui, des mers atlantiques
Au toit paternel revenu,
Consacre à ses dieux domestiques
Un repos enfin obtenu !
Plus heureux le mortel sensible
Qui reste, citoyen paisible,
Où la nature l'a placé,
Jusqu'à ce que sa dernière heure
Ouvre la dernière demeure
Où ses aïeux l'ont devancé !

Ceux qu'un destin fixe et tranquille
Retient sous leurs propres lambris,
Possèdent ce bonheur facile
Sans en bien connaître le prix ;
Peut-être même fatiguée
D'être aux mêmes lieux reléguée,
Leur ame ignore ces douceurs :
Il ne faudrait qu'un an d'absence
Pour leur apprendre la puissance
Que la patrie a sur les cœurs.

Pour fixer le volage Ulysse,
Jouet de Neptune irrité,
En vain Calypso, plus propice,
Lui promet l'immortalité :
Peu touché d'une île charmante,
A Pluton, malgré son amante,
De ses jours il soumet le fil ;

ODE II.

Aimant mieux, dans sa cour déserte,
Descendre au tombeau de Laërte,
Qu'être immortel dans un exil.

A ces traits qui peut méconnaître
L'amour généreux et puissant,
Dont le séjour qui nous voit naître
S'attache notre cœur naissant?
Ce noble amour dans la disgrâce
Nous arme d'une utile audace
Contre le sort et le danger :
A ta fuite il prêta ses ailes,
Toi (a) qui, par des routes nouvelles
Volas loin d'un ciel étranger.

Cet amour, source de merveilles,
Ame des vertus et des arts,
Soutient l'Homère dans les veilles,
Et l'Achille dans les hasards;
Il a produit ces faits sublimes,
Ces sacrifices magnanimes
Qu'à peine les âges ont crus ;
D'un Curtius l'effort rapide,
L'ardeur d'un Décie intrépide,
Et le dévoûment d'un Codrus.

Quelle étrange bizarrerie
Traîna ces stoïques errans,

(a) Dédale.

SUR L'AMOUR DE LA PATRIE.

Qui, méconnaissant la patrie,
Firent gloire d'en vivre absens ?
Du nom de citoyens du monde
En vain leur secte vagabonde
Crut se faire un titre immortel ;
L'Erreur adora ces faux sages ;
La Raison, juste en ses hommages,
N'encensa jamais leur autel.

Que tout le Lycée en réclame,
Je ne connais point pour vertu
Un goût par qui je vois de l'ame
Le plus cher instinct combattu.
S'il faut t'immoler la nature,
Je t'abhorre, sagesse dure,
A mes yeux tu n'es qu'une erreur :
Insensé le mortel sauvage
Qui, pour avoir le nom de sage,
Ose cesser d'avoir un cœur !

Bords de la Somme, aimables plaines,
Dont m'éloigne un destin jaloux,
Que ne puis-je briser les chaînes
Qui me retiennent loin de vous !
Que ne puis-je, exempt de contrainte,
Échapper de ce labyrinthe
Par un industrieux essor,
Et jouir enfin sans alarmes
D'un séjour où règnent les charmes,
Et les vertus de l'âge d'or !

ODE III.

A M. LE DUC DE SAINT-AIGNAN,

AMBASSADEUR DE FRANCE A ROME.

Quitte ces bois, Muse bergère,
Vole vers une aimable cour :
Tu n'y seras point étrangère,
Tes sœurs habitent ce séjour.

Leur art divin dans les beaux âges
Charmait les plus fiers conquérans :
Il est encor l'amour des sages ;
Mais il n'est plus l'amour des grands.

Art chéri, si Plutus t'exile,
Si les cours ignorent ton prix,
Il te reste un illustre asile,
Un Parnasse à tes favoris.

De tes beautés arbitre juste,
Un héros chérit tes lauriers ;
Tel Pollion, aux jours d'Auguste,
Joignait le goût aux soins guerriers.

A M. DE SAINT-AIGNAN.

Des chantres vantés d'Ausonie
Mécène fut le protecteur;
Mais de leur sublime harmonie
Il ne fut point l'imitateur.

L'ami des chantres de la Seine
Unit dans un éclat égal
Au plaisir d'être leur Mécène
Le talent d'être leur rival.

Tu sais, Muse, de quelle grâce
Sa lyre anime une chanson;
On croit entendre encore Horace,
Ou l'élégant Anacréon.

Du Romain il a la justesse,
Du Grec l'atticisme charmant;
Comme eux il offre la sagesse
Sous les attraits de l'enjoûment.

Oseras-tu de ta musette
Lui répéter les simples airs?
Ose; ta candeur, ta houlette,
Excusent tes faibles concerts.

On t'a dit sous quel titre illustre
Le Tage autrefois l'admira:
A des succès d'un plus grand lustre
Bientôt le Tibre applaudira.

Sur les campagnes de Neptune

Tu verras partir ton héros.
Si tu peux, sans être importune,
Ose lui parler en ces mots:

Digne fils d'un aimable père
Héritier de ses agrémens,
Imitateur d'un sage frère (a),
Héritier de ses sentimens;

Chargé des droits de la couronne,
Allez, montrez dans cet emploi
Que, sans être né sur le trône,
On peut penser et vivre en roi.

Quand votre esprit tranquille et libre
Se permettra quelques loisirs,
Aux beaux lieux que baigne le Tibre
Je vois quels seront vos plaisirs.

Aux beaux vers toujours favorable,
Toujours sensible aux tendres arts,
Vous ramènerez l'âge aimable
Qu'ils durent aux premiers Césars.

On n'y voit plus leur cour antique
Séjour des héros de Phébus:
C'est encor Rome magnifique,
Mais Rome savante n'est plus.

(a) M. le duc de Beauvilliers, gouverneur des duchés de Bourgogne, d'Anjou, et de Berri.

A M. DE SAINT-AIGNAN.

De tant de sublimes génies
Il ne reste chez leurs neveux
Que les chants où leurs symphonies
Charmèrent l'oreille des dieux.

Vous chérirez cette contrée,
Et les précieux monumens
Où leur mémoire consacrée
Survit à la suite des temps.

Là de Ménandre, autre Lélie,
Reprenant l'antique pinceau,
Vous tracerez l'art de Thalie
A quelque Térence nouveau.

Vous aimerez ces doux asiles,
Ces bois où le chant renommé
Des Ovides et des Virgiles
Attirait Auguste charmé.

Dans ces solitudes chéries
De la brillante antiquité
Des poétiques rêveries
Vous chercherez la volupté.

De Tibur vous verrez des traces;
Et sur ce rivage charmant
Vous vous direz : Ici les grâces
De Glycère inspiraient l'amour;

Là du luth galant de Catule

ODE III.

Lesbie animait les doux sons;
Ici Properce, ici Tibulle,
Soupiraient de tendres chansons.

Aux tombeaux de ces morts célèbres
Vénus répand encor des pleurs ;
L'Amour sur leurs urnes funèbres
Attend encor leurs successeurs.

Il garde leurs lyres muettes,
Qu'aucun mortel n'ose toucher,
Et leurs hautbois et leurs trompettes
Que l'on ne sait plus emboucher.

Près de la flûte de Pétrarque
Il garde ce brillant flambeau
Qui sauva des nuits de la Parque
Les conquérans du saint tombeau.

Muses, Amour, séchez vos larmes;
Bientôt dans ces lieux enchantés
Vous verrez revivre les charmes
De vos disciples regrettés.

Tivoli, Blanduse, Albunée,
Noms immortels, sacré séjour,
Sur votre rive fortunée
Apollon ramène sa cour.

De n'entendre plus vos Orphées,

Dieux de ces bords, consolez-vous ;
Un favori des doctes Fées
Dans lui seul vous les rendra tous.

ODE IV.

A M. L'ARCHEVÊQUE DE TOURS.

Loin de moi, Déités frivoles,
Que la fable invoque en ses vers !
Muses, Phébus, vaines idoles,
Ne profanez point mes concerts !
Vérité, consacre mes rimes :
Sur tes autels, seuls légitimes,
On verra fumer mon encens ;
Fille du ciel, Vérité sainte,
Descends de la céleste enceinte,
Pèse à ton poids mes purs accens.

Les vertus, et non pas la mitre,
Font la grandeur des vrais prélats :
C'est peu d'en porter le beau titre,
Si les mœurs ne l'annoncent pas,
Si la fastueuse indolence,
Fille de l'oisive opulence,
Occupe ces trônes sacrés.

ODE IV.

Où l'humble Foi, mère du Zèle,
Plaça dans un temps plus fidèle
Des Pontifes plus révérés.

A cet auguste caractère
Un grand cœur répond autrement :
Il n'est le chef du sanctuaire
Que pour en être l'ornement ;
our éclairer la multitude
Il puise dans l'active étude
Des immortelles vérités
Cet esprit, ces traits de lumière,
Dont sur une contrée entière
Il doit réfléchir les clartés.

Tels furent, dans l'Église antique,
Digne du Pontife immortel,
Ces pasteurs d'un zèle héroïque,
Dont la cendre vit sur l'autel :
Assidus habitans des temples,
Ils y brillaient par leurs exemples
Plus que par un faste odieux ;
Et leur humilité profonde
Leur assurait l'encens du monde,
Et les premiers trônes des cieux.

Oh ! qui te rendra ces oracles,
Église, immuable Sion ?
Ne verras-tu plus leurs miracles

Sur ta fidèle nation ?
Comme une veuve infortunée,
A tes malheurs abandonnée,
Languiras-tu sans défenseur !
Mais à tort j'en forme le doute,
Ils vivent; l'enfer les redoute
Dans plus d'un digne successeur.

D'un héritier de leur grande ame
Rastignac t'offre tous les traits;
Rempli du même esprit de flamme,
Il tient les mêmes intérêts :
Peuple, spectateur de sa gloire,
Parle, retrace la mémoire
De ces jours de sacrés travaux,
Où, dans une noble fatigue,
De soi-même on le voit prodigue,
En père, en apôtre, en héros.

Tout vit heureux sous son empire ;
L'Équité prononce ses lois,
Sur son front la douceur respire,
La Bonté parle par sa voix ;
Du pauvre il prévient la misère,
Dans lui l'orphelin trouve un père,
L'innocence y trouve un appui ;
Il protège l'humble mérite ;
Et la vertu, souvent proscrite,
Triomphe toujours devant lui.

Il sait la rendre aimable à l'homme,
Et la parer d'attraits vainqueurs,
Quand il veut, nouveau Chrysostome,
Instruire et réformer les cœurs :
Son éloquence fructueuse,
Par sa force majestueuse,
Maîtrise et force les esprits :
Promenant les grâces dociles
Sur les terres les plus stériles,
Il en forme des champs fleuris.

Au goût des sciences sublimes
Il joint celui des arts charmans ;
Il aime que l'appât des rimes
Embellisse le sentiment :
Le beau seul a droit de lui plaire ;
Censeur délicat et sincère,
Il en décide toujours bien :
Je croirai mes faibles ouvrages
Sûrs des plus critiques suffrages
S'ils peuvent enlever le sien.

ODE V.

SUR LA CANONISATION

DES SAINTS STANISLAS KOSTKA, ET LOUIS
DE GONZAGUE.

Quel Dieu, quelle nouvelle aurore
Nous ouvre les portes du jour ?
Un plus beau soleil vient d'éclore,
Et dévoile un brillant séjour.
Que vois-je ? ce n'est plus la terre :
Dans les régions du tonnerre
Je porte mes regards surpris ;
Un temple brille au sein des nues ;
Là sur des ailes inconnues
J'élève mes libres esprits.

De l'Éternel vois-je le trône ?
Les anges, saisis de respect
De la splendeur qui l'environne
Ne peuvent soutenir l'aspect :
Mais quoi ! vers ce trône terrible,
A tout mortel inaccessible,
Dans un char plus brillant que l'or,
Par une route de lumière,

ODE V.

Quittant la terrestre carrière,
Deux mortels vont prendre l'essor.

Volez, Vertus, et sur vos ailes
Enlevez leur char radieux ;
Jusqu'aux demeures immortelles
Portez ces jeunes demi-dieux :
Ils vont ; la main de la Victoire
Les conduit au rang que la Gloire
Au ciel dès long-temps leur marqua :
Frappé de cent voix unanimes,
L'air porte au loin les noms sublimes
Et de Gonzague et de Kostka.

Sur des harpes majestueuses
A l'envi les célestes chœurs
Chantent les flammes vertueuses
Qui consumèrent ces beaux cœurs ;
Leur jeunesse sanctifiée,
La fortune sacrifiée,
Les sceptres foulés sous leurs pas :
Plus héros que ceux de leur race,
A l'héroïsme de la grâce
Ils consacrèrent leurs combats.

Tout le ciel, ému d'allégresse,
Chante ces nouveaux habitans ;
La Religion s'intéresse
A leurs triomphes éclatans ;

La Vérité leur dresse un trône ;
La Candeur forme leur couronne
De myrtes saints toujours fleuris,
Et, dans cette fête charmante,
Chaque Vertu retrouve et vante
Ses plus fidèles favoris.

Qu'offrais-tu, profane Élysée ?
Des plaisirs sans vivacité,
Dont la douceur bientôt usée
Ne laissait qu'une oisiveté ;
Vains songes de la poésie !
Le ciel offre à l'ame choisie
Un bonheur plus vif, plus constant,
Dans les délices éternelles
Qui conservent, toujours nouvelles,
Le charme du premier instant.

Là, goûtant de l'amour suprême
Les plus délicieux transports,
Les cœurs, dans le sein de Dieu même....
Mais quel bras suspend mes accords ?
Une secrète violence
Force ici ma lyre au silence ;
Tous mes efforts sont superflus :
Sous des voiles impénétrables
Dieu cache les dons adorables
Qui font le bonheur des élus.

Nouveaux Saints, ames fortunées,

ODE V.

Ce Dieu, l'objet de vos desirs,
Abrégea vos tendres années
Pour hâter vos sacrés plaisirs :
Jaloux d'une plus belle vie,
La fleur de vos jours est ravie
Sans vous coûter de vains regrets;
Vous tombez dans la nuit profonde
Trop tôt pour l'ornement du monde,
Trop tard encor pour vos souhaits.

Dans les célestes tabernacles
Transmis des portes du trépas,
Touchez, changez, par vos miracles,
Ceux qui n'en reconnaissent pas ;
Que Dieu, par des lois glorieuses,
Change en palmes victorieuses
Les cyprès de vos saints tombeaux;
Et que vos cendres illustrées,
De la foi, morte en nos contrées,
Viennent rallumer les flambeaux !

Fiers conquérans, héros profanes,
Pendant vos jours dieux adorés,
Que peuvent vos coupables mânes ?
Vos sépulcres sont ignorés :
Par le noir abîme engloutie,
Votre puissance anéantie
N'a pu survivre à votre sort ;
Tandis que, de leur sépulture,

Les Saints régissent la nature
Et brisent les traits de la mort.

Tout change. Des divins cantiques
Je n'entends plus les sons pompeux ;
Le ciel me voile ses portiques
Dans un nuage lumineux.
Tout a disparu comme un songe :
Mais ce n'est point un vain mensonge
Qui trompe mes sens éblouis ;
Rome a parlé ; tout doit l'en croire :
Son oracle a marqué la gloire
De Stanislas et de Louis.

Peuples, dans des fêtes constantes
Renouvelez un si beau jour ;
Prenez vos lyres éclatantes,
Chantres saints du céleste amour ;
Répétez les chants de louanges
Que l'unanime voix des anges
Consacre aux nouveaux immortels ;
Et que, sous ces voûtes sacrées,
De fleurs leurs images parées
Prennent place sur nos autels.

Jeunes cœurs, troupe aimable et tendre,
Formez un nuage d'encens ;
Deux jeunes Saints ont droit d'attendre
Vos hommages reconnaissans :

A leur héroïque courage
L'univers a vu que votre âge,
Capable d'illustres travaux,
Peut aux enfers livrer la guerre,
Etre l'exemple de la terre,
Et donner au ciel des héros.

~~~~~~~~~~~~~~~~~~~~~~~~~~~~~~

ODE VI.

A UNE DAME,

SUR LA MORT DE SA FILLE, RELIGIEUSE A A***.

Une douleur obstinée
Change en nuits vos plus beaux jours :
Près d'un tombeau prosternée
Voulez-vous pleurer toujours ?
Le chagrin qui vous dévore
Chaque jour avant l'aurore
Réveille vos soins amers,
La nuit vient et trouve encore
Vos yeux aux larmes ouverts.

Trop justement attendrie,
Vous avez dû pour un temps
Plaindre une fille chérie

A UNE DAME.

Moissonnée en son printemps ;
Dans ces premières alarmes
La plainte même a des charmes
Dont un beau cœur est jaloux ;
Loin de condamner vos larmes,
J'en répandais avec vous.

Mais c'est être trop constante
Dans de mortels déplaisirs ;
La nature se contente
D'un mois entier de soupirs :
Hélas ! un chagrin si tendre
Sera-t-il su de ta cendre,
Ombre encor chère à nos cœurs ?
Non, tu ne peux nous entendre,
Ni répondre à nos clameurs.

La plainte la plus amère
N'attendrit pas le destin ;
Malgré les cris d'une mère,
La mort retient son butin ;
Avide de funérailles,
Ce monstre né sans entrailles,
Sans cesse armé de flambeaux,
Erre autour de nos murailles,
Et nous creuse des tombeaux.

La mort, dans sa vaste course,
Voit des parens éplorés

ODE VI.

Gémir (trop faible ressource !)
Sur des enfans expirés;
Sourde à leur plainte importune,
Elle unit leur infortune
A l'objet de leurs regrets,
Dans une tombe commune,
Et sous les mêmes cyprès.

Des enfers pâle ministre,
L'affreux ennui, fier vautour,
Les poursuit d'un vol sinistre,
Et les dévore à leur tour.
De leur tragique tristesse
N'imitez point la faiblesse :
Victime de vos langueurs,
Bientôt à notre tendresse
Vous coûteriez d'autres pleurs.

Soupirez-vous par coutume,
Comme ces sombres esprits
Qui traînent, dans l'amertume,
La chaîne de leurs ennuis ?
C'est à tort que le portique
Avec le Parnasse antique
Tient qu'il est doux de gémir;
Un deuil lent et léthargique
Ne fut jamais un plaisir.

Dans l'horreur d'un bois sauvage

A UNE DAME.

La tourterelle gémit;
Mais se faisant au veuvage,
Son cœur enfin s'affermit.
Semblable à la tourterelle,
En vain la douleur fidèle
Veut conserver son dégoût;
Le temps triomphe enfin d'elle,
Comme il triomphe de tout.

D'Iphigénie immolée
Je vois le bûcher fumant:
Clytemnestre désolée
Veut la suivre au monument;
Mais cette noire manie
Par d'autres soins fut bannie,
Le Temps essuya ses pleurs:
Tels de notre Iphigénie
Nous oublîrons les malheurs.

Sur son aile fugitive
Si le Temps doit emporter
Cette tristesse plaintive
Que vous semblez respecter,
Sans attendre en servitude
Que de votre inquiétude
Il chasse le noir poison,
Combattez-en l'habitude,
Et vainquez-vous par raison.

Une Grecque magnanime,

ODE VI.

Dans un semblable malheur,
D'un chagrin pusillanime.
Sut sauver son noble cœur :
A la Parque en vain rebelle,
Pourquoi m'affliger ? dit-elle ;
J'y songeai dès son berceau ;
J'élevais une mortelle
Soumise au fatal ciseau.

Mais non, stoïques exemples,
Vous êtes d'un vain secours ;
Ce n'est que dans tes saints temples,
Grand Dieu ! qu'est notre recours :
Pour guérir ce coup funeste
Il faut une main céleste ;
N'espérez rien des mortels :
Un consolateur vous reste,
Il vous attend aux autels.

Portez donc au sanctuaire,
Soumise aux divins arrêts,
Portez le cœur d'une mère
Chrétienne dans ses regrets ;
Adorez-y dans vos peines
Les volontés souveraines
Du dispensateur des jours :
Il rompt nos plus tendres chaînes,
Pour fixer seul nos amours.

Avant d'ôter à la vie

A UNE DAME.

Celle dont j'écris le sort,
Le ciel vous l'avait ravie
Par une première mort ;
D'un monde que l'erreur vante
Une retraite fervente
Lui fermait tous les chemins ;
Pour Dieu seul encor vivante,
Elle était morte aux humains.

La victime, Dieu propice,
A l'autel (a) allait marcher :
Déjà pour le sacrifice
L'amour saint dresse un bûcher,
L'encens, les fleurs, tout s'apprête ;
Bientôt ta jeune conquête...
Mais quels cris ? qu'entends-je ? Hélas !
J'allais chanter une fête,
Il faut pleurer un trépas.

Ainsi périt une rose
Que frappe un souffle mortel ;
On la cueille à peine éclose
Pour en parer un autel :
Depuis l'aube matinale
La douce odeur qu'elle exhale
Parfume un temple enchanté ;

(a) Elle était sur le point de faire profession. Elle prononça ses vœux avant d'expirer.

A UNE DAME.

Le jour fuit, la nuit fatale
Ensevelit sa beauté.

Ciel, nous plaignons sa jeunesse
Dont tes lois tranchent le cours;
Mais aux yeux de ta sagesse
Elle avait assez de jours.
Ce n'est point par la durée
Que doit être mesurée
La course de tes élus ;
La mort n'est prématurée
Que pour qui meurt sans vertus.

Vous donc, l'objet de mes rimes,
Ne pleurez point son bonheur ;
Par ces solides maximes
Raffermissez votre cœur.
Que l'arbitre des années,
Dieu, qui voit nos destinées
Éclore et s'évanouir,
Joigne à vos ans les journées
Dont elle aurait dû jouir!

ODE VII.

SUR L'INGRATITUDE.

Quelle Furie au teint livide
Souffle en ces lieux un noir venin ?
Sa main tient ce fer parricide
Qui d'Agrippine ouvrit le sein ;
L'insensible Oubli, l'Insolence,
Les sourdes Haines, en silence
Entourent ce monstre effronté,
Et tour à tour leur main barbare
Va remplir sa coupe au Tartare
Des froides ondes du Léthé.

Ingratitude, de tels signes
Sont tes coupables attributs :
Parmi tes bassesses insignes
Quel silence assoupit Phébus ?
Trop long-temps tu fus épargnée ;
Sur toi de ma muse indignée
Je veux lancer les premiers traits :
Heureux, même en souillant mes rimes
Du récit honteux de tes crimes,
Si j'en arrête le progrès !

Naissons-nous injustes et traîtres ?
L'homme est ingrat dès le berceau ;
Jeune, sait-il aimer ses maîtres ?
Leurs bienfaits lui sont un fardeau ;
Homme fait, il s'adore, il s'aime,
Il rapporte tout à lui-même,
Présomptueux dans tout état ;
Vieux enfin, rendez-lui service,
Selon lui c'est une justice :
Il vit superbe, il meurt ingrat.

Parmi l'énorme multitude
Des vices qu'on aime et qu'on suit,
Pourquoi garder l'ingratitude,
Vice sans douceur et sans fruit ?
Reconnaissance officieuse,
Pour garder ta loi précieuse,
En coûte-t-il tant à nos cœurs ?
Es-tu de ces vertus sévères
Qui par des règles trop austères
Tyrannisent leurs sectateurs ?

Sans doute il est une autre cause
De ce lâche oubli des bienfaits :
L'Amour-propre en secret s'oppose
A de reconnaissans effets ;
Par un ambitieux délire
Croyant lui-même se suffire,
Voulant ne rien devoir qu'à lui,

SUR L'INGRATITUDE.

Il craint dans la reconnaissance
Un témoin de son impuissance,
Et du besoin qu'il eut d'autrui.

Paré d'une ardeur complaisante,
Pour vous ouvrir à la pitié,
L'ingrat à vos yeux se présente
Sous le manteau de l'amitié ;
Il rampe, adulateur servile :
Vous pensez, à ses vœux facile,
Que vous allez faire un ami.
Triste retour d'un noble zèle !
Vous n'avez fait qu'un infidèle,
Peut-être même un ennemi.

Déjà son œil fuit votre approche,
Votre présence est son bourreau ;
Pour s'affranchir de ce reproche
Il voudrait voir votre tombeau.
Monstre des bois, race farouche,
On peut vous gagner, on vous touche,
Vous sentez le bien qu'on vous fait ;
Seul, des monstres le plus sauvage,
L'ingrat trouve un sujet de rage
Dans le souvenir d'un bienfait.

Mais n'est-ce point une chimère,
Un fantôme que je combats ?
Fut-il jamais un caractère

ODE VII.

Marqué par des crimes si bas ?
O ciel ! que n'est-ce une imposture !
A la honte de la nature
Je vois que je n'ai rien outré ;
Je connais des cœurs que j'abhorre,
Dont la noirceur surpasse encore
Ce que ces traits en ont montré.

Pour prévenir ces ames viles
Faudra-t-il, mortels bienfaisans,
Que vos mains, désormais stériles,
Ne répandent plus leurs présens ?
Non, leur dureté la plus noire
N'enlève rien à votre gloire :
Il vaut mieux d'un soin généreux
Servir une foule coupable,
Que manquer un seul misérable
Dont vous pouvez faire un heureux.

Des dieux imitez les exemples
Dans vos dons désintéressés ;
Aucun n'est exclus de leurs temples,
Leurs bienfaits sur tous sont versés.
Le soleil qui, dans sa carrière,
Prête aux vertueux sa lumière,
Luit aussi pour le scélérat :
Le ciel cesserait de répandre
Les dons que l'homme en doit attendre,
S'il en excluait l'homme ingrat.

SUR L'INGRATITUDE.

Juste Thémis, contre un tel crime
N'as-tu plus ni glaive ni voix?
Que l'ingrat n'est-il ta victime
Ainsi qu'il le fut autrefois!
Que ne reprends-tu, dans notre âge,
De ton antique aréopage
L'équitable sévérité!
L'ingratitude était flétrie,
Et souffrait loin de la patrie
Un ostracisme mérité.

Mais pourquoi te vanté-je, Athènes,
Sur la justice de tes lois,
Quand, par des rigueurs inhumaines,
Ta république en rompt les droits?
Que de proscriptions ingrates!
Tes Miltiades, tes Socrates,
Sont livrés au plus triste sort,
La méconnaissance et l'envie
Leur font de leur illustre vie
Un crime digne de la mort.

Ainsi parlait, fuyant sa ville,
Thémistocle aux Athéniens:
« Tel qu'un palmier qui sert d'asile,
» J'en sers à mes concitoyens:
» Pendant le tonnerre et l'orage
» Sous mon impénétrable ombrage
» La peur des foudres les conduit;

» L'orage cessé, on m'abandonne,
» Et long-temps avant mon automne
» La foule ingrate abat mon fruit. »

D'un cœur né droit, noble, et sensible,
Rien n'enflamme tant le courroux
Que l'ingratitude inflexible
D'un traître qui se doit à nous.
Sous vingt poignards (fin trop fatale!)
Le triomphateur de Pharsale
Voit ses jours vainqueurs abattus;
Mais de tant de coups, le plus rude
Fut celui que l'ingratitude
Porta par la main de Brutus.

Mortels ingrats, ames sordides,
Que mes sons puissent vous fléchir!
Ou, si de vos retours perfides
L'homme ne peut vous affranchir,
Que les animaux soient vos maîtres!
O honte! ces stupides êtres
Savent-ils mieux l'art d'être humain?
Oui, que Sénèque (a) vous apprenne
Ce qu'il admira dans l'arène
De l'amphithéâtre romain.

Un lion s'élance, on l'anime

(a) Lib. 2, Benef. ch. 19.

Contre un eslave condamné;
Mais à l'aspect de sa victime
Il recule, il tombe étonné;
Sa cruauté se change en joie :
On lance sur la même proie
D'autres lions plus en courroux;
Le premier, d'un cœur indomptable,
Se range au parti du coupable,
Et seul le défend contre tous.

Autrefois du rivage more
Cet esclave avait fui les fers;
Trouvant ce lion, jeune encore,
Abandonné dans les déserts,
Il avait nourri sa jeunesse :
L'animal, ému de tendresse,
Reconnaît son cher bienfaiteur;
Un instinct de reconnaissance
Arme, couronne sa défense;
Il sauve son libérateur.

ODE VIII.
AU ROI STANISLAS.

Frivole ivresse, vain délire,
Remplirez-vous toujours nos chants?

ODE VIII.

Sans vos écarts, l'aimable lyre
N'a-t-elle point d'accords touchans?
Fuyez; mais vous, guidez mes traces,
Sœurs des Amours, naïves Grâces;
Que le Goût marche sur vos pas.
N'approuvez point ces sons stériles,
Ni ces fougues trop puériles
Que la raison n'approuve pas.

Près d'un héros chantez sans craindre;
Mêlez des fleurs à ses lauriers:
Je ne vous donne point à peindre
Sa grande ame, ses faits guerriers;
Mars effraierait vos voix timides;
Laissez ces vertus intrépides
Aux accens du dieu de Claros:
Chantez sur des tons plus paisibles
Ces vertus douces et sensibles
Qui nous font aimer les héros.

Tracez l'aimable caractère
D'un prince formé de vos mains:
Stanislas... Ce nom doit vous plaire;
Rappelez ses premiers destins:
Je vous vois, brillantes déesses,
Combler son cœur de vos largesses;
Il saura gagner tous les cœurs.
De sa jeunesse fortunée
Vous avez fait la destinée;
Vous lui devez d'autres faveurs.

AU ROI STANISLAS.

Aux potentats son sang l'égale :
Pourquoi n'en a-t-il pas les droits ?
Il possède une ame royale ;
Que ne le vois-je au rang des rois.
Grâces, c'est à votre puissance
De suppléer à la naissance
Ce qu'a manqué l'aveugle sort ;
Allez, recueillez les suffrages,
Soumettez-lui les fiers courages
Des plus nobles peuples du nord.

Mais déjà l'allégresse éclate ;
Il paraît, il est couronné ;
Il charme l'austère Sarmate
Au pied du trône prosterné :
Pour munir d'un brillant auspice
Ce choix dicté par la justice,
La Victoire y mêle la voix
D'un jeune arbitre des couronnes (a),
Moins jaloux d'occuper des trônes,
Qu'orgueilleux de faire des rois.

Sur ces deux princes magnanimes
Tout l'univers porte les yeux ;
Unis par leurs exploits sublimes,
Un temps les voit victorieux....
Mais quelle soudaine disgrâce !

(a) Charles XII.

ODE VIII.

Charles tombe, son nom s'efface,
Son pouvoir est évanoui.
O conquêtes, ô sort fragile !
Il avait vécu comme Achille,
Il meurt au même âge que lui.

Quelle perte pour tes provinces !
Quand la Suède pleure son roi,
Pologne, le plus doux des princes
Cesse aussi de régner sur toi.
Il t'en reste encor l'espérance....
Sois son asile, heureuse France,
Séjour des rois dans leurs malheurs :
S'il perd des sujets trop volages,
Tu lui remplaces leurs hommages
Dans ceux qu'il reçoit de nos cœurs.

Sous une couronne héritée
Souvent un roi vit sans splendeur;
Une couronne méritée
Fait la véritable grandeur :
Que Bellone ensuite ou les trames
La ravissent aux grandes ames
Qui la tenaient de l'équité,
Loin de perdre rien de son lustre,
Leur grand cœur d'un malheur illustre
Tire une nouvelle clarté.

Oui, ta fuite, injuste Fortune,

AU ROI STANISLAS.

N'enlève rien à la vertu :
Qu'elle abatte une ame commune,
Stanislas n'est point abattu.
Sensible à sa valeur sublime,
Reviens et répare ton crime ;
Le ciel t'en ouvre les chemins :
De son héroïque famille
Dans le sein d'une auguste fille
Il éternise les destins.

Ainsi, par d'heureux avantages,
Le sang des héros Jagellons
Va couler pendant tous les âges,
Joint au sang des héros Bourbons :
Cette source illustre et féconde
Donnera des vainqueurs au monde,
Et des maîtres à nos neveux ;
Et les souverains de la France
Compteront avec complaisance
Stanislas entre leurs aïeux.

Nymphe, dont les flots tributaires
Aiment à couler sous ses lois,
Redis aux Nymphes étrangères
Son nom, ses grâces, ses exploits :
Conserve sur tes vertes rives
Ces beautés champêtres et vives
Par qui ses yeux sont réjouis ;
Sans doute le fier Borysthène

Envie à ton onde hautaine
L'avantage dont tu jouis.

Reçois ces vers; et, pour les lire,
Grand roi, reprends cette douceur
Qui me permit de les écrire
Quand j'en demandai la faveur.
Rien n'est flatté dans ma peinture :
Du fade encens de l'imposture
Ton goût fut toujours ennemi;
Ma voix n'est, dans ce chant lyrique,
Que l'écho de la voix publique,
Et n'a répété qu'à demi.

ODE IX.

SUR LA CONVALESCENCE DU ROI.

Compagne des Bourbons, brillante Renommée,
Toi qui viens annoncer la gloire de mon roi,
Souffre, dans ce beau jour, qu'à la France charmée
    Je l'annonce avec toi.

Tous mes vœux sont remplis, tu m'ouvre la barrière
Ta lumière immortelle a pénétré mes sens,

Et des cieux, avec toi, je franchis la carrière
  Sur les ailes des vents.

Des rives de la Seine aux campagnes de l'Ebre,
Des Alpes à l'Escaut, et du Rhin aux deux mers,
Je vois ces champs heureux, cet empire célèbre,
  L'honneur de l'univers.

Tu parles; je les vois ces fidèles provinces
S'attendrir, s'embellir à son brillant récit;
Partout du plus grand roi, du plus chéri des princes
  L'heureux nom retentit.

« Qu'il règne; que tout cède à la présence auguste
» D'un roi forcé de vaincre, et d'instruire les temps
» Qu'il aurait pu passer du trône d'un roi juste
  » Au char des conquérans.

» Moins sensible au renom que lui fait la victoire,
» Qu'au repos des humains, au bien de ses sujets,
» Du destin des vainqueurs il ne veut que la gloire
  » D'arbitre de la paix.

» Qu'il vive; que son règne et célèbre et paisible
» Passe l'âge et l'éclat des règnes les plus beaux,
» Ainsi que sa sagesse et son cœur né sensible
  » Surpassent les héros! »

A ces vœux redoublés, que cent concerts secondent,

Le vaste sein des airs répond de toutes parts,
Et du fond des forêts les cavernes répondent
    A l'airain des remparts.

Quel pompeux appareil et de jeux et de fêtes!
Les arts, peuple brillant, servent tous tes desirs;
Ta vaillance commande au destin des conquêtes,
    Et ton goût aux plaisirs.

O ciel! quel changement, Nymphe immortelle, arrête!
Quel coup de foudre annonce un orage imprévu!
Tes rayons sont éteints; tout cède à la tempête:
    Le jour a disparu.

Aux acclamations des fêtes renaissantes
Quel silence profond fait succéder l'horreur!
Il cesse; le tumulte et des voix gémissantes
    Redoublent la terreur.

Quelque fléau subit frappe-t-il la patrie?
Le cri de sa douleur s'élève dans les airs,
Tel qu'il part d'un vaisseau que les vents en furie
    Vont plonger dans les mers.

Une faible lueur a percé les ténèbres:
Quel spectacle! quel deuil! citoyens et guerriers,
Tout gémit, tout frissonne, et des ombres funèbres
    Entourent nos lauriers.

Quel sombre égarement! où court ce peuple en larmes!

Que vois-je ! un tombeau s'ouvre ; ô douleur ! je frémis.
Quel tombeau ! je succombe aux plus vives alarmes;
 Il est près de Louis.

Ciel ! peux-tu l'ordonner ! eh ! quels sont donc les crimes
D'un peuple humain, fidèle aux vertus comme aux lois,
Pour frapper d'un seul coup cet amas de victimes
 Qui t'adresse sa voix ?

Occupé de Louis plus que du diadême,
L'État n'offre à mes yeux qu'une famille en pleurs
Près d'un père expirant, qu'on pleure pour lui-même
 Du plus profond des cœurs.

De l'empire des lis tutélaire génie,
Viens, suspends tes lauriers, fruit d'un temps plus serein,
Un siècle de succès nous est moins que la vie
 Du plus cher souverain.

Tu veillais sur ses jours quand son ardeur guerrière
Sous les foudres de Mars l'exposait en soldat ;
Sauve ces mêmes jours, le trésor, la lumière,
 Et l'ame de l'État.

O bonheur ! quelle aurore a dissipé les ombres ?
L'espérance descend vers ce peuple abattu;
Le plus beau jour succède aux voiles les plus sombres:
 Louis nous est rendu !

Respirez, renaissez, provinces alarmées,

SUR LA CONVALESCENCE DU ROI.

Couronnez-vous de fleurs, signalez vos transports;
Employez vos clairons, triomphantes armées,
    Aux plus tendres accords.

Pour chanter l'heureux jour qui ranime la France
De Pindare ou d'Horace il ne faut point la voix;
Le cri d'un peuple heureux est la seule éloquence
    Qui sait parler des rois.

S'il falloit, ô Destin! cette épreuve cruelle
Pour peindre tout l'amour dans nos cœurs imprimé,
Quel peuple fut jamais plus tendre, plus fidèle?
    Quel roi fut plus aimé?

Réduits au froid bonheur de l'austère puissance,
Les maîtres des humains, au sommet des grandeurs,
Ignorent trop souvent quel rang on leur dispense
    Dans le secret des cœurs.

S'ils savent être aimés; suivis de la Contrainte,
Ont-ils de ce bonheur la douce sûreté?
L'esclavage, autour d'eux établissant la Feinte,
    Chassa la Vérité.

Ainsi, toujours glacés, toujours inaccessibles
Au premier des plaisirs pour qui l'homme est formé,
Ils meurent sans aimer, et sans être sensibles
    Au bonheur d'être aimé.

A peine quelques pleurs honorent leur poussière;

Leur fin expose au jour les cœurs de leurs sujets ;
Le flambeau de la mort est la seule lumière
    Qui ne trompe jamais.

Vous jouissez, grand roi, d'un plus heureux partage;
L'instant qui juge tout, et qui ne flatte rien,
A dévoilé pour vous et l'ame et le langage
    De chaque citoyen.

Un bonheur tout nouveau va vous suivre sans cesse:
Don plus satisfaisant, plus cher que la grandeur,
Pour un roi qui connaît le charme et la tendresse
    Des sentimens du cœur.

Vous saviez que dans vous tout respectait le maître,
Que partout le héros allait être admiré :
Goûtez ce bien plus doux, ce bonheur de connaître
    Que l'homme est adoré.

ODE X.

SUR LA MÉDIOCRITÉ.

Souveraine de mes pensées,
  Tes lois sont-elles effacées ?
Toi, qui seule régnais sur les premiers mortels,

ODE X.

Dans cette race misérable,
Sur cette terre déplorable,
Heureuse Liberté, n'as-tu donc plus d'autels ?

De mille erreurs vils tributaires,
Les cœurs, esclaves volontaires,
Immolent ta douceur à l'espoir des faux biens.
Là je vois des chaînes dorées,
Là d'indignes, là de sacrées,
Partout je vois des fers et de tristes liens.

N'est-il plus un cœur vraiment libre
Qui, gardant un juste équilibre,
Vive maître de soi, sans asservir ses jours ?
S'il en est, montre-moi ce sage ;
Lui seul obtiendra mon hommage,
Et mon cœur sous sa loi se range pour toujours.

Tu m'exauces, nymphe ingénue ;
Dans une contrée inconnue,
Sur des ailes de feu je me sens enlevé :
Quel ciel pur ! quel paisible empire !
Chante toi-même, prends ma lyre,
Et décris ce séjour par tes soins cultivé.

Aux bords d'une mer furieuse,
Où la Fortune impérieuse
Porte et brise à son gré de superbes vaisseaux,
Il est un port sûr et tranquille,

SUR LA MÉDIOCRITÉ.

    Qui maintient dans un doux asile
Des barques à l'abri du caprice des eaux.

      Sur ces solitaires rivages
    D'où l'œil, spectateur des naufrages,
S'applaudit en secret de la sécurité,
      Dans un temple simple et rustique,
      De la nature ouvrage antique,
Ce climat voit régner la Médiocrité.

      Là, conduite par la Sagesse,
      Tu te fixas, humble déesse,
Loin des palais bruyans du fastueux Plutus;
      Là, sous tes lois et sous ton culte
      Tu rassemblas, loin du tumulte,
Le vrai, les plaisirs purs, les sincères vertus.

      Séduits par d'aveugles idoles,
      Du bonheur fantômes frivoles,
Le vulgaire et les grands ne te suivirent pas :
      Tu n'eus pour sujets que ces sages
      Qui doivent l'estime des âges
A la sagesse acquise en marchant sur tes pas.

      Tu vis naître dans tes retraites
      Ces nobles et tendres poètes,
Dont la voix n'eût jamais formé de sons brillans,
      Si le fracas de la fortune,
      Ou si l'indigence importune
Eût troublé leur silence, ou caché leurs talens.

Mais en vain tu fuyais la gloire ;
La Renommée et la Victoire
Vinrent dans tes déserts se choisir des héros,
Mieux formés par tes lois stoïques
Aux vertus, aux faits héroïques,
Que parmi la noblesse et l'orgueil des faisceaux.

Pour Mars tu formais, loin des villes,
Les Fabrices, et les Camilles,
Et ces sages vainqueurs, philosophes guerriers,
Qui, du char de la dictature
Descendant à l'agriculture,
Sur tes secrets autels rapportaient leurs lauriers.

Trop heureux, déité paisible,
Le mortel sagement sensible
Qui jamais loin de toi n'a porté ses desirs !
Par sa douce mélancolie
Sauvé de l'humaine folie,
Dans la vérité seule il cherche ses plaisirs.

Ignoré de la multitude,
Libre de toute servitude,
Il n'envia jamais les grands biens, les grands noms;
Il n'ignore point que la foudre
A plus souvent réduit en poudre
Le pin des monts altiers, que l'ormeau des vallons.

Sourd aux censures populaires,
Il ne craint point les yeux vulgaires,

SUR LA MÉDIOCRITÉ.

Son œil perce au-delà de leur foible horizon ;
    Quelques bruits que la foule en sème,
    Il est satisfait de lui-même
S'il a su mériter l'aveu de la Raison.

    Il rit du sort, quand les conquêtes
    Promènent de têtes en têtes
Les couronnes du nord, ou celles du midi :
    Rien n'altère sa paix profonde;
    Et les derniers instans du monde
N'épouvanteraient point son cœur encor hardi.

    Amitié, charmante immortelle,
    Tu choisis à ce cœur fidèle
Peu d'amis, mais constans, vertueux comme lui :
    Tu ne crains point que le caprice,
    Que l'intérêt les désunisse,
Ou verse sur leurs jours les poisons de l'ennui.

    Ami des frugales demeures,
    Sommeil, pendant les sombres heures
Tu répands sur ses yeux tes songes favoris,
    Ecartant ces songes funèbres,
    Qui, parmi l'effroi des ténèbres,
Vont réveiller les grands sous les riches lambris.

    C'est pour ce bonheur légitime
    Que le modeste Abdolonyme
N'acceptait qu'à regret le sceptre de Sidon ;
    Plus libre dans un sort champêtre,

Et plus heureux qu'il ne sut l'être
Sur le trône éclatant des aïeux de Didon.

C'est par ces vertus pacifiques,
Par ces plaisirs philosophiques,
Que tu sais, cher R***, remplir d'utiles jours
Dans ce Tivoli solitaire,
Où le Cher de son onde claire
Vient à l'aimable Loire associer le cours.

Fidèle à ce sage système,
Là, dans l'étude de toi-même,
Chaque soleil te voit occuper tes loisirs :
Dans le brillant fracas du monde,
Ton nom, ta probité profonde
T'eût donné plus d'éclat, mais moins de vrais plaisirs.

ODE XI.

A VIRGILE,

SUR LA POÉSIE CHAMPÊTRE.

Suspends tes flots, heureuse Loire,
Dans ces vallons délicieux;
Quels bords t'offriront plus de gloire

A VIRGILE.

Et des coteaux plus gracieux ?
Pactocle, Méandre, Pénée,
Jamais votre onde fortunée
Ne coula sous de plus beaux cieux.

Ingénieuses Rêveries,
Songes rians, sages Loisirs,
Venez sous ces ombres chéries,
Vous suffirez à mes desirs,
Plaisirs brillans, troublez les villes;
Plaisirs champêtres et tranquilles,
Seuls vous êtes les vrais plaisirs.

Mais pourquoi ce triste silence ?
Ces lieux charmans sont-ils déserts ?
Quelle fatale violence
En éloigne les doux concerts ?
Sur ces gazons et sous ces hêtres
D'une troupe d'amans champêtres
Que n'entends-je les libres airs ?

Quel son me frappe ? une voix tendre
Sort de ces bocages secrets,
On soupire ; pour mieux entendre
Entrons sous ces ombrages frais.
J'y vois une Nymphe affligée,
Sa beauté languit négligée,
Et sa couronne est un cyprès.

Seuls confidens de sa retraite,

ODE XI.

Les Amours consolent ses maux ;
L'un lui présente la houlette,
L'autre assemble des chalumeaux :
Faibles secours! rien ne la touche,
Des pleurs coulent ; sa belle bouche
M'en apprend la cause en ces mots :

D'Euterpe tu reçois les larmes :
Je vais quitter ces beaux vergers ;
Aux champs français perdant mes charmes,
Je fuis sur des bords étrangers.
Tu n'entends point dans ces prairies
Les chants vantés des bergeries;
C'est qu'il n'est plus de vrais bergers.

Dès qu'une frivole harmonie,
Asservissant mes libres sons,
Eut de la moderne (*a*) Ausonie
Banni mes premières chansons,
De ces plaines dégénérées,
France, je vins dans tes contrées :
J'espérais mieux de tes leçons.

Alcidor (*b*) sut calmer ma peine

(*a*) On reproche les *concetti* et les pensées trop recherchées aux bergers italiens de Guarini, de Bonarelli, du cavalier Marin, etc.

(*b*) Acteur des bergeries de M. le marquis de Racan, né en Touraine.

A VIRGILE.

Par ses airs naïfs et touchans ;
Galantes nymphes de Touraine,
Il charmait vos aimables champs :
Mourant, il laissa sa musette
Au jeune amant de Timarète (*a*),
Dont l'Orne admira les doux chants.

Mais quand le paisible Elysée
Posséda Racan et Segrais,
Lorsque leur flûte fut brisée,
L'Idylle perdit ses attraits :
A peine la muse fleurie
D'un nouveau berger de Neustrie (*b*)
En sauva-t-elle quelques traits.

Bientôt Flore vit disparaître
Cette heureuse naïveté
Qui de mon empire champêtre
Faisait la première beauté :
N'entendant plus aucun Tityre,
N'ayant rien d'aimable à redire,
L'écho se tut épouvanté.

La bergère, outrant sa parure,
N'eut plus que de faux agrémens ;
Le berger, quittant la nature,

(*a*) Bergère des Idylles de M. de Segrais, né à Caen.
(*b*) M. de F**.

ODE XI.

N'eut plus que de faux sentimens ;
Et ce qu'on appelle l'églogue
Ne fut plus qu'un froid dialogue
D'acteurs dérobés aux romans.

Leur voix contrainte ou doucereuse
Mit les Dryades aux abois ;
Leur guitare trop langoureuse
Endormit les oiseaux des bois ;
Les Amours en prirent la fuite,
Et vinrent pleurer à ma suite
La perte des premiers hautbois.

Tendres Muses de cet empire,
Oh ! si, sortant de chez les morts,
Virgile, pour qui je soupire,
Ranimait sa voix sur vos bords ;
S'il quittait sa langue étrangère,
Parlant la vôtre pour vous plaire,
Vous trouveriez mes vrais accords !

A ces mots la déesse agile
Fuit au travers de bois naissans...
Viens donc, parais, heureux Virgile,
De vingt siècles reçois l'encens :
Chez les Nymphes de ce rivage,
Berger français, gagne un suffrage
Qui manque encore à tes accens.

Sous quelque langue qu'elle chante,

A VIRGILE.

Ta muse aura ton air charmant :
Telle qu'une beauté touchante
Qui plaît sous tout habillement ;
Tout lui sied bien, rien ne l'efface ;
Pour elle une nouvelle grâce
Naît d'un nouvel ajustement.

Viens sur les Tyrcis de Mantoue
Réformer ceux de ce séjour ;
Rends-nous ce goût qu'Euterpe avoue :
Guidé par toi, l'enfant Amour
Ne viendra plus dans nos montagnes
Parler aux nymphes des campagnes
Comme il parle aux nymphes de cour.

Affranchis l'églogue captive,
Tire-la des chaînes de l'art ;
Qu'elle soit tendre, mais naïve,
Belle sans soin, vive sans fard ;
Que dans des routes naturelles
Elle cueille des fleurs nouvelles,
Sans les chercher trop à l'écart.

En industrieuse bergère
Qu'elle dépeigne les forêts,
Mais sur une toile légère,
Sans des coloris indiscrets,
Et que jamais le trop d'étude
N'y contraigne aucune attitude,
Ni ne charge trop les portraits.

ODE XI.

La nature sur chaque image
Doit guider les traits du pinceau ;
Tout doit y peindre un paysage,
Des jeux, des fêtes sous l'ormeau :
L'œil est choqué s'il voit reluire
Les palais, l'or, et le porphyre,
Où l'on ne doit voir qu'un hameau.

Il veut des grottes, des fontaines,
Des pampres, des sillons dorés,
Des prés fleuris, de vertes plaines,
Des bois, des lointains azurés ;
Sur ce mélange de spectacles
Ses regards volent sans obstacles,
Agréablement égarés.

Là, dans leur course fugitive,
Des ruisseaux lui semblent plus beaux
Que ces ondes que l'art captive
Dans un dédale de canaux,
Et qu'avec faste et violence
Une sirène au ciel élance,
Et fait retomber en berceaux.

Sur cette scène toute inculte,
Mais par là plus charmante aux yeux,
On aime à voir, loin du tumulte,
Un peuple de bergers heureux ;
Le cœur, sur l'aile de l'Idylle,

A VIRGILE.

Porté loin du bruit de la ville,
Vient être berger avec eux.

Là ses passions en silence
Laissent parler la Vérité;
A la suite de l'Innocence
Là, voltige la Liberté;
Là, rapproché de la nature,
Il voit briller la vertu pure
Sous l'habit de la Volupté.

Oui, la Vertu vit solitaire
Chez les bergers ses favoris;
Fuyant le faste et l'art austère,
Elle y badine avec les Ris.
Farouche vertu du portique,
De ton mérite sophistique
Pourrions-nous être encore épris?

Aux vrais biens, par un doux mensonge,
L'églogue rend ainsi les cœurs:
La raison sait que c'est un songe,
Mais elle en saisit les douceurs;
Elle a besoin de ces fantômes:
Presque tous les plaisirs des hommes
Ne sont que de douces erreurs.

ÉGLOGUES.

AVERTISSEMENT
SUR LES ÉGLOGUES DE VIRGILE.

Nec verbum verbo curabis reddere. Hor.

Cet ouvrage est moins une exacte traduction qu'une imitation hardie des Églogues de Virgile; l'exactitude classique et littéraire ne sert qu'à rabaisser l'essor poétique. L'auteur a cru devoir en secouer le joug, intimidé et averti par le peu de succès de quelques traducteurs de différens poètes; traducteurs craintifs et scrupuleux, qui n'ont eu d'autre mérite dans leur travail que celui de prouver au public qu'ils savaient expliquer mot pour mot leur auteur; mérite de pédant ou d'écolier. Pour trop vouloir conserver l'air latin à leur original, ils l'ont souvent privé des beautés que la langue française devait lui prêter. Ils ont pris beaucoup de peine; il en fallait moins pour mieux faire : le vrai goût demande qu'on marche à côté de son auteur, sans le suivre en rampant, et sans baiser humblement tous ses pas. On doit le naturaliser dans nos mœurs, oublier ses tours, ses expressions, son style étranger au nôtre, ne lui laisser enfin que ses pensées, et les exprimer comme il aurait dû faire lui-même, s'il avait parlé notre langue. Le caractère libre de la poésie française ne se plie point volontiers à la précision du vers latin : ainsi on s'est mis au large, sans s'enchaîner aux termes; on ne s'est étudié qu'à conserver le fond des choses; on a quelquefois resserré, quelquefois étendu les pensées du poète, selon le besoin des transitions et les contraintes de la rime. On ne doit montrer son auteur que par les endroits avantageux : tous le sont à peu près pour Virgile; cependant on a cru devoir décharger le style de certaines circonstances qui ne pourraient être rendues heureusement. Il est des traits que les Grâces accompagnent dans le texte, et qu'elles abandonneraient dans la version. Par exemple, la circonstance des mœurs d'Églée, dans la sixième Églogue, et la joue

AVERTISSEMENT.

enluminée du dieu Pan dans la dixième, n'ont rien de bas dans le latin, ce sont des situations naïves que la délicatesse de l'expression relève ; mais elles ne présenteraient en français qu'une idée basse et burlesque : ces légers retranchemens sont rachetés et remplacés par un peu plus d'étude dans les endroits rians et favorables. Il n'est pas besoin de justifier quelques changemens dans les noms des bergers ; chose indifférente, et qui n'ôte rien au sujet ni à la conduite du poëme. On s'est permis une liberté plus considérable, mais qu'on a crue nécessaire à nos mœurs et à notre goût ; c'est le changement de quelques noms de bergers en des noms de bergères ; par-là les sentimens sont ramenés dans l'ordre, l'amour se trouve dans la nature, et le voile est tiré sur des images odieuses et détestées, qui pouvaient cependant plaire au siècle dépravé du poète. C'est par ces mêmes égards qu'on a risqué la métamorphose de l'Alexis : quelques personnes d'un goût délicat et d'une critique éclairée ont enhardi l'auteur à ce changement. Il était difficile d'assez bien différencier les expressions de cette amitié d'avec celles de l'amour même ; le préjugé reçu contre les mœurs de Virgile se serait toujours maintenu, et aurait rendu aux sentimens de Coridon toute la vivacité passionnée qu'on aurait tâché d'adoucir et de colorer.

ÉGLOGUE PREMIÈRE.

TITYRE.

MÉLIBÉE, TITYRE.

MÉLIBÉE.

Tranquille, cher Tityre, à l'ombre de ce hêtre,
Vous essayez des airs sur un hautbois champêtre,
Vous chantez; mais pour nous, infortunés bergers,
Nous gémirons bientôt sur des bords étrangers.
Nous fuyons, exilés d'une aimable patrie.
Seul vous ne quittez point cette terre chérie;
Et, quand tout retentit de nos derniers regrets,
Du nom d'Amarillis vous charmez ces forêts.

TITYRE.

Un Dieu, cher Mélibée, appui de ma faiblesse,
Accorde ces loisirs aux jours de ma vieillesse:
Oui, je mets ce héros au rang des immortels;
Le sang de mes agneaux rougira ses autels.
Si mon troupeau tranquille erre encor sur ces rives
Quand le sort en bannit vos brebis fugitives,
Tandis qu'un vaste effroi trouble nos champs déserts,
Si dans un doux repos je chante encor des airs,

ÉGLOGUE I.

Berger, c'est un bienfait de ce Dieu secourable;
C'est à lui que je dois ce destin favorable.

MÉLIBÉE.

Parmi tant de malheurs et de troubles affreux,
Que je suis étonné de trouver un heureux!
Je suis traînant à peine, en cet exil funeste,
De mes nombreux troupeaux le déplorable reste;
Cette triste brebis, l'espoir de mon troupeau,
Dans sa fuite a perdu son languissant agneau :
Déjà dans ma douleur j'ai brisé ma musette :
Pourquoi te tiens-je encore, inutile houlette ?
Hélas! souvent le ciel, irrité contre nous,
Par des signes trop sûrs m'annonçait son courroux!
Trois fois (il m'en souvient) dans la forêt prochaine
Le tonnerre à mes yeux est tombé sur un chêne;
De sinistres oiseaux, par de lugubres chants,
Trois fois m'ont annoncé la perte de nos champs.
Mais pourquoi rappeler ces douloureux présages?....
Berger, quel est ce dieu qui reçoit vos hommages ?

TITYRE.

Bien loin de nos hameaux ce héros tient sa cour;
Sa présence embellit un plus noble séjour;
Rome est ce lieu charmant : autrefois, je l'avoue,
Je ne croyais point Rome au-dessus de Mantoue.
Quelle était mon erreur! sur ses bords enchantés
Le Tibre voit briller la reine des cités :
Rome l'emporte autant sur le reste des villes
Que le plus haut cyprès sur les buissons stériles.

TITYRE.

MÉLIBÉE.

Quel espoir vous porta vers ces aimables lieux ?

TITYRE.

La Liberté, berger, s'y montrait à mes vœux :
D'elle j'obtiens enfin des regards plus propices ;
Mes derniers ans pourront couler sous ses auspices.
Mantoue à mes desirs refusait ce bonheur ;
Par d'inutiles soins je briguais sa faveur ;
Sans aucun fruit pour moi ces fréquens sacrifices
Dépeuplaient mon bercail d'agneaux et de génisses ;
Vainement j'implorais l'heureuse Liberté :
Mais enfin j'ai fléchi cette divinité.
J'osai porter ma plainte au souverain du Tibre :
J'étais alors esclave ; il parla, je fus libre.

MÉLIBÉE.

Lorsque vous habitiez ce rivage charmant
Tout s'affligeait ici de votre éloignement.
Pendant ces sombres jours la jeune Galatée
Du plus tendre chagrin me parut agitée :
Ses yeux s'ouvraient à peine à la clarté du jour,
Sa plainte attendrissait les nymphes d'alentour ;
Les échos des vallons, les pins, et les fontaines,
Rappelaient à l'envi Tityre dans nos plaines ;
Vos fruits dépérissaient dans le plus beau verger,
Et vos troupeaux plaintifs demandaient leur berger.

TITYRE.

Si je n'avais quitté ma triste solitude
Je souffrirais encor la même servitude.
Dans ces maux Rome était mon unique recours,

Et ses dieux pouvaient seuls me faire d'heureux jours.
Là j'ai vu ce héros que chante ma tendresse ;
Il est dans le printemps d'une belle jeunesse :
Allez, bergers, dit-il, conservez en repos
Votre séjour natal, vos champs, et vos troupeaux.
Bientôt, par un retour d'hommages légitimes,
Je lui sacrifierai mes plus belles victimes ;
Ses fêtes reviendront douze fois tous les ans,
Douze fois ses autels recevront mon encens.

MÉLIBÉE.

Ainsi donc, cher Tityre, exempt de nos misères,
Vous finirez vos jours aux foyers de vos pères ;
Vos troupeaux, respectés du barbare vainqueur,
Demeureront ici sous leur premier pasteur ;
Ils ne sortiront point de ces gras pâturages
Pour périr de langueur dans des terres sauvages ;
Vos abeilles encore, au retour du matin,
Picoteront la fleur des saules et du thym.
Nos champs abandonnés vont rester inutiles ;
Les vôtres par vos soins seront toujours fertiles ;
Vous pourrez encor voir ces bocages chéris,
Ces gracieux lointains, ces rivages fleuris ;
Les amoureux soupirs des rossignols fidèles,
Les doux gémissemens des tendres tourterelles,
Vous livreront encore aux douceurs du sommeil
Dans ces antres fermés aux regards du soleil.

TITYRE.

L'amour saura toujours me retracer l'image
Du dieu qui me procure un si doux avantage ?

Le cerf d'un vol hardi traversera les airs,
Les habitans des eaux fuiront dans les déserts,
La Saône ira se joindre aux ondes de l'Euphrate,
Avant qu'un lâche oubli me fasse une ame ingrate.

MÉLIBÉE.

Que ne puis-je avec vous célébrer ce héros,
Et ranimer les sons de mes tristes pipeaux!
Nos pasteurs pleurent tous une même disgrâce :
Nous fuyons dispersés. Les uns aux champs de Thrace
Vont chercher des tombeaux sous ces affreux climats
Qu'un éternel hiver couvre d'âpres frimas ;
D'autres vont habiter une contrée aride,
Et les déserts voisins de la zone torride.
Compagnon de leurs maux, et banni pour toujours,
Sous un ciel inconnu je traînerai mes jours ;
Quoi! je ne verrai plus ces campagnes si chères,
Ni ce rustique toit hérité de mes pères!
O Mantoue! oh du moins si ces riches sillons
Devaient m'être rendus après quelques moissons!
Non, je ne verrai plus ces forêts verdoyantes,
Ni ces guérets chargés de gerbes ondoyantes;
D'avides étrangers, des soldats inhumains,
Désoleront ce champ cultivé de mes mains :
Était-ce donc, grands Dieux! pour cette troupe indigne
Que j'ornais mon verger, que je taillais ma vigne?
C'en est fait; pour toujours recevez mes adieux,
Bords si chers à mon cœur, et si beaux à mes yeux!
O guerre! ô triste effet des discordes civiles!
Champs, on vous sacrifie à l'intérêt des villes.

Troupeau, toujours chéri dans des jours plus heureux,
Mon exil te prépare un sort bien rigoureux ;
Du fond d'un antre frais, bordé d'une onde pure,
Je ne te verrai plus bondir sur la verdure :
Suivez-moi, faible reste, infortunés moutons ;
Pour la dernière fois vous voyez ces cantons.

TITYRE.

Dans ces lieux cependant on vous permet encore
D'attendre le retour de la première aurore.
Regagnons le hameau : berger, suivez mes pas.
Thestile nous apprête un champêtre repas :
Le jour fuit, hâtons-nous ; du sommet des collines
L'ombre descend déjà dans ces plaines voisines,
Les oiseaux endormis ont fini leurs concerts,
Et le char de la nuit s'élève sur les airs.

NOTE.

TRANQUILLE, cher Tityre, à l'ombre de ce hêtre...

Le père de Virgile, sous le nom de Tityre, chante les louanges et les bienfaits d'Octavien César, qui, dans le partage des campagnes de Mantoue, lui conservait une paisible possession de sa métairie d'Andès. Sous le nom de Mélibée, un berger du Mantouan, banni de sa patrie, déplore ses disgrâces.

ÉGLOGUE II.

IRIS.

L'astre brûlant du jour sur nos paisibles rives
Répandait du midi les ardeurs les plus vives,
Quand Coridon, errant dans l'horreur des forêts,
Aux déserts attendris confia ses regrets.
  Il adorait Iris; d'une plaine étrangère
Il voulait dans son champ attirer la bergère :
Iris était promise aux feux d'un autre amant,
Et plaignait Coridon sans calmer son tourment.
Cet amoureux berger fuyait les jeux champêtres ;
Solitaire, il venait se cacher sous des hêtres ;
C'est-là qu'ayant conduit ses troupeaux languissans,
Il soupirait un jour ces douloureux accens :
  Hâtez-vous, sombres jours d'une odieuse vie ;
Puisque toute espérance à mes vœux est ravie,
Puisqu'un autre berger emporte vos amours,
Pourquoi, cruelle Iris, voudrais-je encor des jours?
Du moins plaignez les maux que ma langueur me cause ;
Il est l'heure du jour où tout ici repose ;
Le moissonneur tranquille, à l'abri du soleil,
Répare sa vigueur dans le sein du sommeil ;
Auprès de leurs troupeaux, dans un bocage sombre,

ÉGLOGUE II.

Silvie et son berger goûtent le frais de l'ombre ;
Privé de ces loisirs, et bravant la chaleur,
Je promène en ces bois ma plaintive douleur.
A mes gémissemens l'écho paraît sensible ;
Tout me plaint : votre cœur reste seul inflexible.

   Que n'ai-je pour Philis brûlé des mêmes feux !
A la fille d'Arcas que n'ai-je offert mes vœux !
Leurs grâces, il est vrai, n'égalent point vos charmes,
Mais leur cœur moins ingrat m'eût coûté moins de larme.

   Ah ! ne comptez point tant sur vos belles couleurs !
Un jour les peut flétrir, un jour flétrit les fleurs :
La beauté n'est qu'un lis ; l'aurore l'a vu naître,
L'aurore à son retour ne le peut reconnaître.
Pourquoi me fuyez-vous? j'ai de nombreux troupeaux
Dans les champs qu'Aréthuse enrichit de ses eaux ;
En lait délicieux mes brebis sont fécondes,
Lors même que l'hiver glace et l'air et les ondes ;
D'Amphion dans mes chants je ranime les airs ;
J'obtiens souvent le prix des champêtres concerts ;
Et si le ruisseau pur qui coule en ce bocage
N'abuse point mes yeux d'une flatteuse image,
Si la mer nous peint bien dans le miroir des eaux,
Quand l'haleine des vents n'ébranle point les flots,
Souvent j'ai consulté ce crystal immobile,
Mon air ne cède rien aux grâces de Mirtyle.

   Ne craignez point, Iris, d'habiter nos forêts ;
Les plaisirs y naîtront de vos tendres attraits :
Les sincères amours, peu connus dans les villes,
Sous nos tranquilles toits ont choisi des asiles.

IRIS.

Souvent, joignant nos voix aux chansons des oiseaux,
Nous irons éveiller les folâtres échos :
Nos chants égaleront la douce mélodie
Des chants dont le dieu Pan sait charmer l'Arcadie;
Pan trouva le premier cet art ingénieux
De former sur la flûte un son harmonieux;
Pan règne sur nos bois, il aime nos prairies,
C'est le dieu des bergers et de leurs bergeries.
Vous aurez sous vos lois un docile troupeau,
Vous le verrez bondir au son du chalumeau.
Cette bouche charmante et des Grâces chérie
Touchera nos pipeaux sans en être flétrie :
Je vous garde un hautbois qui semble fait pour vous;
La douceur de ses sons rend les oiseaux jaloux ;
Tircis, près d'expirer sur ce triste rivage,
D'une longue amitié m'offrit ce dernier gage.
Je joindrai, pour vous plaire, à ce don de Tircis,
Une belle houlette et des agneaux choisis :
Je vous destine encor deux chevreaux qu'avec peine
Je sauvai l'autre jour du sein d'une fontaine ;
Laure en sera jalouse, elle aimait ces chevreaux :
Mais pour d'autres qu'Iris de tels dons sont trop beaux.
Tout s'embellit pour vous, tout pare nos campagnes;
Flore sur votre route assemble ses compagnes :
D'une moisson de fleurs les chemins sont semés ;
De l'encens du printemps les airs sont parfumés ;
Une nymphe des eaux, plus vive que l'abeille,
Vole dans les jardins, et remplit sa corbeille;
Sa main sait assortir les dons qu'elle a cueillis,

Et marier la rose au jeune et tendre lis.
Des fruits de mon verger vous aurez les prémices;
De la jeune Amarille ils feraient les délices:
Ces fruits sont colorés d'un éclat vif et doux;
Ils seront plus charmans quand ils seront à vous.
J'ai des myrtes fleuris; leur verdure éternelle
Est le symbole heureux d'une chaîne fidèle:
Je vous cultive aussi des lauriers toujours verds,
J'en consacre souvent au dieu des tendres vers.

Mais que dis-je? insensé! formé par la tristesse,
Quel nuage obscurcit les jours de ma jeunesse?
J'étais libre autrefois, et mon paisible cœur
N'avait jamais connu cette sombre langueur;
Content de mon troupeau, je vivais sans envie,
Et mon bonheur était aussi pur que ma vie:
L'Amour, ce dieu cruel, a troublé mes beaux jours;
Ainsi l'Aquilon trouble un ruisseau dans son cours.

Ingrate! estimez mieux nos demeures champêtres;
Souvent des dieux bergers ont chanté sous nos hêtres.
Les déesses souvent ont touché nos pipeaux;
Diane d'un pasteur a gardé les troupeaux:
Que la fière Pallas aime le bruit des villes,
Vénus préfère au bruit nos cabanes tranquilles.

Tout suit de son penchant l'impérieux attrait;
Les cœurs sont maîtrisés par un charme secret.
Le loup cherche sa proie autour des bergeries;
Le jeune agneau se plaît sur les herbes fleuries;
Pour moi, charmante Iris, par un penchant plus doux,
Je sens que mon destin m'a fait naître pour vous.

Vains projets ! vœux perdus ! trop stérile tendresse !
Coridon, où t'emporte une indigne faiblesse ?
Ta voix se perd au loin dans les antres des bois ;
A de moins tristes airs consacre ton hautbois.
Tandis que tu languis dans ces noires retraites,
Tu laisses sur l'ormeau tes vignes imparfaites ;
De ce loisir fatal fuis le charme enchanteur,
Donne d'utiles jours aux travaux d'un pasteur.
Revenez, chers moutons, quittez ces lieux sauvages
Vous irez désormais sur de plus beaux rivages,
Puisque mes vœux sont vains, de l'insensible Iris
Allons près de Climène oublier les mépris.

NOTES.

Coridon se plaint de l'insensibilité d'Iris, bergère d'un hameau étranger ; il veut inutilement l'attirer dans ses campagnes.

Dans les champs qu'Aréthuse enrichit de ses eaux.

Fontaine de Sicile.

Des chants dont le dieu Pan sait charmer l'Arcadie.

Belle contrée du Péloponnèse, consacrée autrefois aux déités champêtres, et dont les habitans, tous pasteurs, passaient pour les maîtres de la poésie bucolique.

ÉGLOGUE III.

PALÉMON,

COMBAT PASTORAL.

PALÉMON, MÉNALQUE, DAMÈTE.

MÉNALQUE.

Apprenez-moi, Damète, à qui sont les troupeaux
Qu'on voit errer sans guide au bord de ces ruisseaux.

DAMÈTE.

J'en suis le conducteur; Lycas en est le maître ;
Je les garde pour lui dans ce vallon champêtre.

MÉNALQUE.

O bercail malheureux! depuis que nuit et jour
Lycas près de Climène est conduit par l'amour,
Oubliant ses moutons, et ne songeant qu'à plaire,
Il ne s'attache plus qu'à ceux de sa bergère.
Troupeaux infortunés, votre sort fut plus doux
Tandis que, libre encor, Lycas n'aimait que vous.
Ce pasteur mercenaire, auquel il vous confie,
Loin des yeux du berger, détruit la bergerie.

PALÉMON.

DAMÈTE.

Vous deviez m'épargner ce reproche indiscret :
On vous connaît, Ménalque, on sait certain secret...
Rappelez-vous ce jour des fêtes d'Amathonte...
D'un plus ample détail je vous sauve la honte.
Vous m'entendez : alors les déesses des eaux
Rentrèrent en riant au fond de leurs roseaux.

MÉNALQUE.

Quoi! rompis-je avec vous d'une main criminelle
Les arbrisseaux d'Arcas et sa vigne nouvelle?

DAMÈTE.

Quel berger ne sait point, que sous ces vieux ormeaux
Ménalque d'Eurylas brisa les chalumeaux?
Rival de ce pasteur, jaloux de sa victoire,
Votre cœur indigné ne put souffrir sa gloire;
Vous seriez mort enfin d'envie et de fureur
Si vous n'aviez pu nuire à ce berger vainqueur.

MÉNALQUE.

Qu'entends-je? sur quel ton me parlerait un maître,
Si ce pâtre à tel point ose se méconnaître?
Quand Damon l'autre jour laissa seul son troupeau,
Ne vous ai-je point vu lui surprendre un chevreau?

DAMÈTE.

De ce prétendu vol Damon ne peut se plaindre :
Oui, j'ai pris ce chevreau; j'en conviendrai sans craindre,
Puisqu'il était le prix d'un combat pastoral
Où j'étais demeuré vainqueur de mon rival.

MÉNALQUE.

Vous, vainqueur de Damon! d'une flûte champêtre

Damète dans nos bois s'est-il jamais vu maître,
Lui dont l'aigre pipeau, portant partout l'ennui,
Ne sait que déchirer des airs faits par autrui ?

DAMÈTE.

Pour finir entre nous une vaine dispute,
J'ose vous défier au combat de la flûte ;
Ou, si vous l'aimez mieux, à l'ombre des buissons,
Éprouvons un combat de vers et de chansons :
Si le dieu de Délos est pour vous plus propice,
Je vous donne à choisir la plus tendre génisse ;
Quel prix risquerez-vous contre un gage si beau ?

MÉNALQUE.

Je n'oserais choisir ce prix dans mon troupeau :
S'il manquait un mouton, j'essuierais la colère
D'une marâtre injuste, et d'un père sévère ;
L'une compté à midi, l'autre à la fin du jour,
Si le nombre complet se trouve à mon retour.
Mais je puis hasarder deux beaux vases de hêtre :
On voit ramper autour une vigne champêtre :
Alcimédon sur eux a gravé deux portraits ;
Du célèbre Conon l'un ranime les traits,
L'autre peint ce mortel dont l'adresse féconde
A décrit les saisons et mesuré le monde :
Ces coupes sont encor dans leur premier éclat ;
J'en ferai volontiers le gage du combat.

DAMÈTE.

J'ai deux vases pareils, revêtus d'un feuillage ;
Du même Alcimédon ce présent est l'ouvrage ;

Le chantre de la Thrace est peint sur les dehors,
Il est suivi des bois qu'entraînent ses accords.

MÉNALQUE.

Palémon vient à nous ; qu'il règle la victoire,
Arbitre du combat, et témoin de ma gloire.

DAMÈTE.

Je consens qu'il nous juge ; et, malgré vos mépris,
Je saurai me défendre et balancer le prix ;
Ma muse en ces combats ne fut jamais craintive.
Prêtez-nous, Palémon, une oreille attentive.

PALÉMON.

Chantez, dignes rivaux : la nouvelle saison
Invite à des concerts sur ce naissant gazon :
Le printemps de retour rajeunit la nature,
Il rend à nos forêts leurs berceaux de verdure ;
Philomèle reprend ses airs doux et plaintifs ;
L'amant des fleurs succède aux aquilons captifs.
Tout charme ici les yeux ; chaque instant voit éclore
Dans ces prés émaillés de nouveaux dons de Flore :
A chanter tour à tour préparez donc vos voix ;
Ces combats sont chéris de la muse des bois.

DAMÈTE.

Muses, donnez au maître du tonnerre
Le premier rang dans vos nobles chansons :
Il est tout, il remplit les cieux, l'onde, la terre,
Il dispense à nos champs les jours et les moissons.

MÉNALQUE.

Du jeune dieu que le Permesse adore,
Muses, chantons les honneurs immortels :

Des premiers feux du jour quand l'orient se dore,
D'un feston de lauriers je pare ses autels.

DAMÈTE.

Quand je suis dans un bois tranquille
Sous un chêne épais endormi,
Glycère me réveille, et d'une course agile
Elle fuit dans un antre et s'y cache à demi.

MÉNALQUE.

Philis près de ma bergerie
Vient chaque jour cueillir des fleurs;
Nos troupeaux réunis paissent dans la prairie,
Et par ce tendre accord imitent nos deux cœurs.

DAMÈTE.

Je veux offrir deux tourterelles
A ma Glycère au premier jour;
Ce couple heureux d'oiseaux fidèles
Lui dictera les lois d'un éternel amour.

MÉNALQUE.

Sur mes fruits une fleur vermeille
Répand un brillant coloris;
J'en veux remplir une corbeille,
Et l'offrir de ma main à la jeune Chloris.

DAMÈTE.

Que j'aime l'entretien de la tendre Glycère!
Zéphyrs, qui l'écoutez dans ces momens si doux,
Ne portez point aux dieux ce que dit ma bergère;
Des plaisirs si charmans rendraient le ciel jaloux.

MÉNALQUE.

Souffrez qu'armé d'un arc je suive votre trace,

Chloris, quand vous chassez dans les routes des bois;
Souvent Endymion vit Diane à la chasse,
Souvent de la déesse il porta le carquois.

DAMÈTE.

Je célèbre bientôt le jour de ma naissance:
Venez, belle Glycère, honorer ce beau jour;
Vous ferez l'ornement des concerts, de la danse,
Votre chant et vos pas sont conduits par l'Amour.

MÉNALQUE.

Chloris seule a mon cœur, seule elle a tous les charmes:
Ciel! qu'elle m'enchanta dans nos derniers adieux!
Ses yeux avec les miens répandirent des larmes.
Ah! quand pourrai-je, Amour, revoir de si beaux yeux?

DAMÈTE.

Mon cœur redoute autant les rigueurs de Glycère
Qu'un timide mouton craint la fureur des loups,
Qu'un laboureur, veillant sur une moisson chère,
Craint le souffle fougueux des aquilons jaloux.

MÉNALQUE.

Ma Chloris est pour moi ce que l'herbe naissante
Au lever de l'aurore est pour un jeune agneau,
Et ce qu'est à la terre aride et languissante
Une féconde pluie, ou le cours d'un ruisseau.

DAMÈTE.

Puisque Pollion veut bien être
Le protecteur de mes chansons,
Muses, sur le hautbois champêtre
Que son nom soit chanté dans vos sacrés vallons.

ÉGLOGUE III.

MÉNALQUE.

Pollion lui-même avec grâce
Écrit des vers d'un goût nouveau :
Savantes Nympes du Parnasse,
A ce héros savant offrez un fier taureau.

DAMÈTE.

Illustre Pollion, que celui qui vous aime
Soit placé près de vous au temple de l'honneur,
Que dans son champ fécond, que sur les buissons même
Le miel et les parfums naissent en sa faveur.

MÉNALQUE.

Si quelqu'un peut aimer la muse de Bathille,
Du fade Mévius qu'il aime aussi les vers,
Qu'il asservisse au joug le renard indocile,
Qu'il préfère aux zéphyrs les vents des noirs hivers.

DAMÈTE.

Fuyez, jeunes bergers, cette rive enchantée
    Qui paraît n'offrir que des fleurs,
Fuyez, malgré l'attrait de cette onde argentée ;
Un serpent est caché sous ces belles couleurs.

MÉNALQUE.

Vous qui foulez l'émail de ces routes fleuries,
    Eloignez-vous, mes chers moutons ;
Allez, un verd naissant couronne ces prairies,
Ce bord vous offrira de plus tendres gazons.

DAMÈTE.

Je conduis ces troupeaux au meilleur pâturage,
Cependant je les vois dépérir chaque jour :

PALÉMON.

Moi-même je languis au printemps de mon âge ;
Tout languit dans nos champs sous les fers de l'Amour.

MÉNALQUE.

L'Amour ne me nuit point ; j'ignore ses alarmes ;
Jamais il n'a rendu mes troupeaux languissans :
Mais un sombre enchanteur, par ses funestes charmes,
Fait périr sans pitié mes agneaux innocens.

DAMÈTE.

De ce douteux débat la palme vous est due
   Si vous savez m'expliquer en quels lieux
L'œil ne peut découvrir que six pieds d'étendue
De ce vaste horizon qui termine les cieux.

MÉNALQUE.

Au prix de vos chansons je souscris sans murmure,
   Et sur Chloris je vous cède mes droits,
Si vous savez me dire en quel lieu la nature
Sur de naissantes fleurs grave le nom des rois.

PALÉMON.

Je ne puis entre vous décider la victoire ;
L'un et l'autre à mes yeux en emporte la gloire ;
Et tout berger qui peut égaler vos beaux sons
Mérite comme vous la palme des chansons :
Renouvelez souvent en cadences égales
Le paisible combat de vos muses rivales ;
Et quand vous formerez ces gracieux récits,
Que toujours entre vous le prix reste indécis.

8*

NOTES.

Deux bergers chantent tour à tour des couplets égaux, se disputent une victoire champêtre; Palémon est le juge de ce combat.

Du célèbre Conon l'un ranime les traits;

Géomètre fameux de l'île de Samos.

L'autre peint ce mortel dont l'adresse féconde...

Archimède de Syracuse.

Puisque Pollion veut bien être...

Il était alors consul, l'an 724 de Rome.

Si vous savez m'expliquer en quels lieux...

Le fond d'un puits.

Sur de naissantes fleurs grave le nom des rois.

La jacinthe, fleur sur laquelle on s'imaginait lire les deux premières lettres du nom d'Ajax, fils de Télamon, roi de Salamine. Ajax, selon la fable, fut métamorphosé en jacinthe, après s'être tué de rage de n'avoir point obtenu les armes d'Achille.

ÉGLOGUE IV.

L'HOROSCOPE DE MARCELLUS,

FILS D'OCTAVIE SOEUR D'AUGUSTE.

Muses, pour ce beau jour cessez d'être bergères;
Osez porter vos voix au-dessus des fougères :
Un consul à vos jeux s'intéresse aujourd'hui ;
Rendez par vos beaux airs les champs dignes de lui.

Cieux ! où suis-je enlevé? Quels superbes spectacles!
Un dieu par mes accens va rendre ses oracles.
Je vois éclore enfin ce nouvel univers
Qu'a chanté la sibylle en prophétiques vers ;
Je vois un nouveau peuple orner cette contrée;
Du sein des cieux Thémis descend avec Astrée ;
Saturne sur nos champs revient régner encor,
Et ramène aux mortels les jours de l'âge d'or.

Il est né ce héros pour qui les destinées
Marquaient un nouvel ordre et de mois et d'années;
Tendre divinité, compagne des amours,
Lucine, à son enfance accordez vos secours,
Descendez sur ces bords; Apollon votre frère
Des Grâces et des Arts y tient le sanctuaire.

Illustre Pollion, ton brillant consulat

Va des siècles dorés voir renaître l'éclat.
Les vertus de retour, par d'aimables prodiges
Des antiques forfaits effacent les vestiges :
Jupiter nous promet un heureux avenir;
Il ne lui reste plus de crimes à punir.
Un jour dans cet enfant d'immortelle origine
Revivront les héros de sa race divine;
Sur l'univers paisible il régnera comme eux;
Il tiendra même rang dans le conseil des dieux.

Aimable Marcellus, la reine de la terre
Vient déjà vous offrir l'achante et le lierre;
Elle pare son front des plus vives couleurs,
Et vous forme un berceau de verdure et de fleurs;
Le lait coule à grands flots dans chaque bergerie;
On voit naître en tous lieux les parfums d'Assyrie;
Les bois ne portent plus les funestes poisons;
Le loup moins affamé laisse en paix nos moutons.

C'est peu : d'autres bienfaits enrichiront le monde;
Les fruits seront plus beaux, la moisson plus féconde,
Lorsque vous apprendrez de vos aïeux vainqueurs
L'héroïsme guerrier, et la loi des grands cœurs ;
Chaque naïade alors versera de son urne
Des flots de pur nectar, comme aux jours de Saturne;
Une riche vendange, après d'amples moissons,
Offrira des raisins jusque sur les buissons :
C'est ainsi qu'aux mortels les faveurs destinées
S'accroîtront par degrés et suivront vos années.
Pendant ces premiers temps d'un plus bel univers
Des vaisseaux couvriront encor les vastes mers,

L'HOROSCOPE DE MARCELLUS.

Nos campagnes encor se verront labourées,
Nos villes de remparts resteront entourées :
Peut-être un autre Argo sous un nouveau Tiphis
Portera des guerriers sur les champs de Thétis ;
Peut-être verra-t-on les murs d'une autre Troie
Au fer d'un autre Achille abandonnés en proie :
Mais ces restes légers de nos malheurs passés
Disparaîtront enfin, pour toujours effacés,
Dès qu'après l'heureux cours d'une jeunesse illustre
La Parque filera votre cinquième lustre ;
Et quand, passant des jeux aux soins de votre rang,
Vous marcherez égal aux dieux de votre sang,
Rien ne manquera plus au bonheur de la terre ;
La paix au fond du Styx replongera la guerre ;
Féconde également pour tous ses citoyens,
La terre en tous climats produira tous les biens :
A travers les périls des vagues incertaines
Nous n'irons rien chercher sur des plages lointaines ;
Sans exiger nos soins, les coteaux, les guérets
Fixeront en tout temps et Bacchus et Cérès ;
Les arts laborieux deviendront inutiles ;
Les moutons, en paissant sur nos rives fertiles,
Brilleront, revêtus des plus riches couleurs ;
Sur eux la pourpre et l'or formeront mille fleurs
L'industrieux travail de la simple nature,
Sans les secours de l'art, produira leur parure,

Ils seront ces beaux jours : du temple des destins
Une voix me transmet ces augures certains.
Déjà, pour accomplir ces fortunés présages,

ÉGLOGUE IV.

Les trois fatales sœurs, souveraines des âges,
Ont adouci leurs lois, et Clotho prend encor
Le fuseau qui servit à filer l'âge d'or.
Ouvrez de ces beaux jours l'héroïque carrière;
Sans attendre le temps, franchissez la barrière;
Partez, suivez la gloire, enfant chéri des cieux,
Du beau sang de Vénus rejeton précieux.
Aux honneurs de vos ans tout se montre sensible,
Le Ciel est plus riant, Neptune est plus paisible;
L'univers assuré d'un siècle de bonheur
Applaudit au berceau de son restaurateur.

O jours! ô temps heureux! ô si les destinées
Étendaient jusque-là le fil de mes journées!
Auguste Marcellus, à chanter vos exploits
Je voudrais consacrer les restes de ma voix;
Pour ces pompeux sujets ma muse rajeunie
Vaincrait tous les concerts des fils de Polymnie,
Pan même, à mes accords s'il comparait ses sons,
Pan même s'avouerait vaincu par mes chansons.

Commencez, heureux fils d'une mère charmante,
Commencez de répondre à sa plus douce attente;
Par de justes retours comblez ses tendres vœux;
Que vos premiers souris s'adressent à ses yeux.
Pour vous l'Amour élève une jeune déesse
Dont il vous offrira la main et la tendresse :
Vivez, et que vos ans, égaux à nos desirs,
Soient remplis et filés par la main des Plaisirs.

NOTES.

CE ne sont point des bergers qui parlent dans cette pièce, c'est le poète lui-même, à qui des tons plus élevés sont permis. Quelques-uns le blâment d'avoir mis au rang des églogues un sujet si pompeux, et qui paraît plutôt du ressort de l'ode. Si Virgile eût été du sentiment de ses censeurs, nous y eussions perdu une de ses plus belles églogues.

Un consul à vos jeux s'intéresse aujourd'hui.

Pollion.

Sur l'univers paisible il régnera comme eux.

Cette prédiction pouvait-elle se faire d'un fils de Pollion, dont plusieurs interprètes soutiennent que Virgile chante ici la naissance ? Elle ne convenait sans doute qu'à l'héritier présomptif de l'empire, au seul Marcellus, neveu d'Auguste, et adopté par cet empereur, qui n'avait point de fils.

Au fer d'un autre Achille abandonnés en proie.

Ce vers et les trois précédens sont allégoriques. Par eux Virgile indique les préparatifs de la flotte qu'équipaient les triumvirs, Octavien et Antoine, pour attaquer Sexte Pompée, fils du grand Pompée, qui soutenait en Sicile les restes du parti républicain. Il fut défait dans un combat naval. Syracuse fut cette seconde Troie ; Octavien César fut ce nouvel Achille. Ces applications sont pleines de beautés : nous en devons la découverte au savant P. Catrou.

Du beau sang de Vénus rejeton précieux.

La fable romaine faisait descendre la famille des Césars, de Vénus par Énée, fils de cette déesse.

Pour vous l'Amour élève une jeune déesse.

Julie, fille d'Auguste. Marcellus épousa cette princesse. Les prédictions de Virgile ne furent pas vérifiées dans toute leur étendue. Ce prince aimable, l'espoir et les délices de l'empire romain, mourut à la fleur de son âge. Le sixième livre de l'Énéide finit par une plainte très-tendre sur la mort prématurée de ce jeune héros.

ÉGLOGUE V.
DAPHNIS.

MÉNALQUE, MOPSUS.

MÉNALQUE.

Profitons, cher Mopsus, des momens précieux
Que la fin d'un beau jour nous accorde en ces lieux :
Je chante, vous jouez du hautbois avec grâce ;
Essayons un concert digne des bois de Thrace.

MOPSUS.

Je suis prêt, cher Ménalque, à chanter avec vous :
Vos accens ont pour moi les charmes les plus doux ;
Des zéphyrs du couchant les folâtres haleines
Balancent de ces bois les ombres incertaines :
Chantons sous ce feuillage, ou, si vous l'aimez mieux,
Dans cette grotte où règne un frais délicieux ;
Une vigne sauvage en décore l'entrée,
A Faune de tout temps elle fut consacrée :
J'y conduirai vos pas ; là vos nobles chansons
M'offriront un plaisir et d'utiles leçons.
Si mes vers sont moins beaux, pardonnez à ma muse
Ce défaut d'agrément que ma jeunesse excuse.

ÉGLOGUE V.

MÉNALQUE.

Non, je sais qu'Amyntas ose seul dans nos bois
Vous disputer le prix du chant et du hautbois.

MOPSUS.

N'en soyez point surpris, dans son orgueil extrême
Ce berger défierait le dieu des vers lui-même.

MÉNALQUE.

De vos champêtres airs répétez les plus beaux ;
En notre absence Egon gardera nos troupeaux.
Chantez Codrus mourant pour sauver sa patrie ;
Chantez du tendre Alcon la pieuse industrie,
Quand il perça d'un trait heureusement lancé
Le serpent qui tenait son fils entrelacé ;
Ou plaignez dans vos chants cette amante célèbre
Qui pour Démophoon mourut aux bords de l'Hèbre.

MOPSUS.

Souffrez qu'à d'autres jours je réserve ces chants ;
Je prépare aujourd'hui des regrets plus touchans.
J'ai fait de nouveaux vers; ils vous plairont peut-être:
Ils sont déjà gravés sur l'écorce d'un hêtre.
Lorsque j'aurai chanté, que mon rival jaloux
Vous montre aussi ses vers, qu'il chante, et jugez-nou

MÉNALQUE.

De vos chants et des siens je sais la différence :
Près de vous Amyntas, malgré son arrogance,
Est comme un saule obscur près d'un brillant rosier,
Ou comme un faible ormeau près d'un bel olivier.

MOPSUS.

Si mes premiers essais m'ont acquis quelque gloire,

Je la dois à vos soins, j'en chéris la mémoire.
Nous voici dans la grotte où nous voulons chanter :
La Douleur fit les vers que je vais répéter ;
Je les ai consacrés au berger plein de charmes
Dont le trépas récent demande encor nos larmes.

MÉNALQUE.

L'agneau négligera le cytise fleuri
Quand nous perdrons l'amour d'un berger si chéri.

MOPSUS.

Daphnis n'est plus ! en vain nos muses le regrettent,
  Des pleurs sont superflus :
Je le demande aux bois, et les bois me répètent,
  Il n'est plus ! il n'est plus !
Destins trop rigoureux, inexorable Parque,
  Quels injustes arrêts
Précipitent sitôt dans la fatale barque
  Ce berger plein d'attraits ?
Je vois ses yeux éteins ; sa mère inconsolable
  Les arrose de pleurs,
Et ses cris vont apprendre au Ciel impitoyable
  Ses amères douleurs.
Infortuné Daphnis ! l'avide Proserpine
  T'enlève avant le temps :
Ainsi tombe un tilleul que le vent déracine
  Dans son premier printemps.
O jour trois fois cruel ! Quel deuil dans la nature !
  Nous vîmes en ces bois
Le soleil sans clarté, la terre sans verdure,
  Et les oiseaux sans voix ;

Les ruisseaux, effrayés du bruit de nos alarmes,
    Murmuraient des sanglots ;
L'horreur d'un triste bord, et les flots de nos larmes
    Précipitaient leurs flots :
On entendit gémir les jeunes Oréades
    A cet instant fatal,
Et de leurs belles eaux les sensibles Naïades
    Troublèrent le crystal ;
Aux longs gémissemens des Nymphes fugitives
    Les échos attendris
Renvoyèrent du fond des cavernes plaintives
    De lamentables cris :
Alors aucun pasteur ne mena dans la plaine
    Ses troupeaux languissans ;
Sa flûte était muette, ou ne rendait qu'à peine
    De douloureux accens.
Il n'est plus de beaux jours, berger, depuis ta perte,
    Plus de fête pour nous ;
Palès ne chérit plus cette vigne déserte,
    Elle fuit en courroux ;
Nos prés sont défleuris, de plantes infertiles
    Nos sillons sont remplis,
Et nos jardins n'ont plus que des ronces stériles
    A la place des lis.
Nous devions les attraits de toute la contrée
    A tes attraits chéris ;
Telle, aux raisins brillans dont elle est colorée,
    La vigne doit son prix.
Daphnis dans nos cantons accrédita l'orgie

DAPHNIS.

Et le thyrse divin ;
Il chanta le premier en vers pleins d'énergie
Le puissant dieu du vin ;
Il était les amours et la gloire première
Des bois et des hameaux :
Faut-il qu'il ne soit plus, en perdant la lumière,
Que l'objet de nos maux !
Dans l'oisive langueur de nos douleurs extrêmes
Cessons de nous plonger ;
Allons rendre l'honneur et les devoirs suprêmes
Aux mânes du berger.
Pasteurs, rassemblez-vous, dépouillez vos guirlandes
Et vos habits de fleurs ;
Paraissez, apportez de funèbres offrandes
Sous de noires couleurs ;
Marchez sans chalumeau ; renversez vos houlettes,
Couvrez-les de cyprès ;
Sur ces autels jonchés de pâles violettes
Consacrez vos regrets :
Elevez le tombeau du berger que je chante
Près de ces autres verds ;
Et, pour éterniser sa mémoire touchante,
Inscrivez-y ces vers :

« Sous ce froid monument le beau Daphnis repose :
» Il n'a presque vécu que l'âge d'une rose ;
» Il était le pasteur d'un aimable troupeau,
» Lui-même était encor plus aimable et plus beau.
» Bergères, qui passez dans ce bocage sombre,

» Donnez des larmes à son ombre,
» Donnez des fleurs à son tombeau. »

MÉNALQUE.

Votre chant m'a charmé ; cette tendre peinture.
Doit ses traits ingénus aux mains de la nature.
Je goûte à vous entendre une égale douceur
A celle que ressent l'aride voyageur
Quand pour se rafraîchir il trouve une onde claire,
Et pour se délasser une ombre solitaire.
Mais il faut pour Daphnis que je chante à mon tour :
Il m'aimait, je lui dois ce fidèle retour.
Je ne mets point sa perte au rang de nos désastres;
Daphnis déifié règne au séjour des astres ;
Ses grâces, ses vertus triomphent de la mort.
S'il meurt pour nous il vit pour un plus noble sort.
  Du sombre deuil tristes compagnes,
  Plaintes, fuyez de nos campagnes,
Bergères et bergers, reprenez vos hautbois ;
  Du beau Daphnis chantez la gloire :
  Il n'a point passé l'onde noire,
Il est au rang des dieux protecteurs de vos bois ;
  Il peut, porté sur les étoiles,
  Contempler sans nuit et sans voiles
La marche et les clartés des célestes flambeaux
  Sous ses pieds il voit les nuages,
  Les tonnerres et les orages,
Et les mondes divers, et l'empire des eaux.
  Revenez, Jeux, Plaisirs, Naïades,

DAPHNIS.

Flore, Cérès, Amours, Dryades ;
Que tout au dieu Daphnis applaudisse en ces lieux;
Qu'il soit chanté sur la musette,
Qu'une foule d'échos répète :
Daphnis n'est plus mortel, il est au rang des dieux.
Déjà sous son naissant empire
A notre bonheur tout conspire,
Tout éprouve déjà les faveurs de Daphnis ;
Le loup devenu moins avide,
L'agneau devenu moins timide,
Dans les mêmes vallons bondissent réunis.
Si nos hameaux ont su te plaire,
Sois, Daphnis, leur dieu tutélaire :
Ne porte pas tes soins sur les bords étrangers;
Procure-nous des jours tranquilles,
De belles nuits, des champs fertiles :
Sois le dieu des troupeaux et le roi des bergers;
Tu recevras sur ce rivage
Les mêmes dons, le même hommage
Que reçoivent de nous les premiers immortels ;
Suivi d'une fidèle troupe,
J'irai verser à pleine coupe
Et le lait et le vin sur tes nouveaux autels ;
Dans les festins, dans l'alégresse,
Échauffés d'une douce ivresse,
Nous te célébrerons à l'ombre des ormeaux;
Les bergers unis aux bergères
Formeront des danses légères,
Et mariront leurs voix au son des chalumeaux.

ÉGLOGUE V.

Tant que l'abeille au sein de Flore
Ravira les pleurs de l'Aurore,
Autant, ô jeune dieu, tes fêtes dureront :
On égalera tes louanges
A celles du dieu des vendanges,
Et toujours en ces lieux tes autels brilleront.

MOPSUS.

J'ai souvent entendu l'agréable murmure
Ou d'un zéphyr naissant, ou d'une source pure ;
J'ai souvent entendu les concerts enchanteurs
Des plus tendres oiseaux, des plus doctes pasteurs;
Mais tous ces sons n'ont point une douceur pareille
Aux vers dont votre muse a charmé mon oreille :
Quel don peut égaler tant d'égards complaisans ?

MÉNALQUE.

Mon amitié, berger, préviendra vos présens :
Recevez ce hautbois ; il fut fait en Sicile ;
Il est d'un bois choisi, d'un son doux et facile;
Avec lui j'ai chanté de champêtres appas,
Les fêtes des bergers, leurs amours, leurs combats.

MOPSUS.

Nul don ne m'est plus cher qu'une telle musette;
Agréez de ma main cette belle houlette ;
Sur son airain brillant nos chiffres sont tracés ;
J'y vais joindre un feston de myrtes enlacés :
Antigène s'attend que je l'en ferai maître;
Mais mon cœur en décide, et Ménalque doit l'être.

DAPHNIS.

NOTES.

La mort d'un frère de Virgile, nommé Flaccus Maro, et représenté sous le nom de Daphnis, fait le sujet de ce poëme. Mopsus, élève du poète, pleure Daphnis : Virgile, sous le nom de Ménalque, en fait l'apothéose.

Chantez Codrus mourant pour sauver sa patrie.

Dernier roi d'Athènes.

Chantez du tendre Alcon la pieuse industrie.

Servius écrit qu'Alcon était fils de cet Érichthée que Minerve éleva elle-même à la campagne, et qu'elle donna ensuite aux Athéniens pour leur roi.

Ou plaignéz dans vos chants cette amante célèbre..

Philis, fille de Lycurgue, roi de Thrace. Son amant Démophoon, fils de Thésée, fut rappelé à Athènes par des raisons d'État : son absence fut longue; Philis le crut infidèle, elle se donna la mort.

Palès ne chérit plus cette vigne déserte.

Déesse champêtre.

Daphnis déifié règne au séjour des astres.

L'apothéose serait un peu outrée si le poète n'en

faisait un dieu champêtre : Virgile a suivi l'exemple des poètes grecs qui avaient ainsi divinisé le Daphnis de Sicile.

ÉGLOGUE VI.

SILÈNE.

Premier imitateur du berger dont la muse
Est l'honneur immortel des champs de Syracuse,
Dans un heureux loisir je répète en ce bois
Les airs que les Amours jouaient sur son hautbois.

Pour chanter les combats et le dieu de la Thrace
J'allais rêver un jour au sommet du Parnasse;
Apollon, peu facile à ces hardis projets,
M'ordonna de traiter de plus simples sujets :
Je ne trouble donc plus par l'éclat des trompettes
Des champs accoutumés aux soupirs des musettes.
Si je chante aujourd'hui sur ces paisibles bords,
Muses, ne m'inspirez que d'aimables accords.

Que d'autres, ô Varus, plus chers aux doctes fées,
Au temple de Mémoire érigent vos trophées;
Ma voix, trop faible encor pour chanter les héros,
Apprendra seulement votre nom aux échos.
Mais si ce qu'aujourd'hui j'écris sans impostures,
Vainquant la nuit des temps, passe aux races futures,

SILÈNE.

On lira que Varus et ses brillans honneurs
Étaient même connus au séjour des pasteurs.
   Dans un antre champêtre, orné par la nature,
Sous des pampres fleuris, sur un lit de verdure,
Silène, de Morphée éprouvant la douceur,
A des songes rians abandonnait son cœur;
On voyait près de lui sa couronne et son verre
Renversés sur un thyrse entouré de lierre ;
Un doux jus, bu la veille aux fêtes de Bacchus,
Tenait encor ses sens assoupis et vaincus,
Quand deux jeunes bergers, Silvanire et Mnasile,
Troublèrent à dessein la paix de cet asile.
Depuis long-temps Silène, oracle de ces lieux,
Leur promettait en vain des chants mystérieux ;
Il avait jusqu'alors éludé leur poursuite ;
Mais leurs efforts enfin empêchèrent sa fuite :
La jeune Églé survient, et se joint aux pasteurs
Pour former au vieillard une chaîne de fleurs.
Captif en ces liens, Silène se réveille;
On voit naître les ris sur sa bouche vermeille :
Vous l'emportez, dit-il, et je suis arrêté;
Je vois bien à quel prix on met ma liberté;
Vous voulez que des temps je vous chante les fastes:
Un jour ne peut suffire à des sujets si vastes ;
Commençons cependant, contentons vos desirs :
Pour vous, je vous réserve, Églé, d'autres plaisirs:
Rompez, jeunes pasteurs, cette chaîne inutile,
Et comptez sur la foi de ma muse docile.
Il dit. Tout à l'envi s'apprête à l'écouter ;

Ses liens sont brisés : il commence à chanter.

Aux sublimes accens de l'immortel Silène
Les vents, au loin chassés, ne troublaient pas la plaine;
Les ruisseaux s'arrêtaient et n'osaient s'agiter;
Les échos admiraient et n'osaient répéter;
Les Nymphes, les Sylvains, formant d'aimables danses,
Suivaient d'un pas léger ses brillantes cadences.
Le rivage d'Amphrise et le bois d'Hélicon
Furent souvent charmés par le chant d'Apollon;
Le sombre roi du Styx, aux tendres airs propice,
Fut touché des accords de l'époux d'Euridice :
Mais la voix du vieillard cher au dieu des raisins
Charma bien plus encor les rivages voisins.

Il décrivait d'abord la naissance du monde.
Rien n'existait encore; une masse inféconde
Formait un vaste amas d'atomes confondus
Dans les déserts du vide au hasard répandus;
Ce néant eut sa fin; l'univers reçut l'être :
Des atomes unis le concours fit tout naître;
Il fit les élémens, qui, par d'heureux accords,
Formèrent à leur tour tous les lieux, tous les corps;
Les plaines de Cybèle et les champs de Nérée
Occupèrent leurs rangs sous la sphère éthérée,
Et sur ces sombres lieux, muettes régions,
Où le trépas conduit ses pâles légions.

Quel spectacle pompeux! du monde jeune encore
Quel fut l'étonnement, quand la naissante aurore,
Pour la première fois ouvrant un ciel vermeil,
Fit luire aux yeux charmés l'empire du soleil!

SILÈNE.

Bientôt ce dieu fécond, ame de la nature,
Du monde, obscur sans lui, fit briller la structure,
Et donna, de son char élevé sur les airs,
Du jour et des couleurs à tant d'êtres divers.
La terre, à son aspect, riche et fertilisée,
Des plus précieux dons se vit favorisée;
Elle enfanta les fleurs, les premières moissons,
La vigne, les vergers, les bois, et les buissons;
Un peuple d'animaux erra dans nos montagnes;
Les troupeaux, moins craintifs, peuplèrent les campagnes;
L'air eut ses citoyens, l'onde ses habitans:
Ainsi, poursuit Silène, on vit naître les temps.

Les humains vertueux, sous le sceptre de Rhée,
Virent du siècle d'or la trop courte durée;
Les coupables enfans de ces premiers mortels
Altérèrent les mœurs, foulèrent les autels;
La Vertu fugitive, aux jours de Prométhée,
Reprit son vol aux cieux d'une aile ensanglantée;
Par le dieu du trident l'Olympe fut vengé,
La mer fut le tombeau du monde submergé.
L'époux seul de Pyrrha, dans cette nuit profonde,
Survécut avec elle aux ruines du monde;
De la terre en silence il peupla les déserts
Sur les vastes débris du premier univers.

Ainsi chante Silène, ainsi sa main retrace
Le tableau des malheurs de la mortelle race;
Par Mnémosyne instruit des faits de tous les temps,
Il en peint aux bergers mille traits éclatans.

Il plaint le jeune Hylas long-temps pleuré d'Alcide:

Une nymphe l'entraîne en sa grotte liquide;
Alcide en vain l'appelle aux rives d'alentour,
Hylas ne répond plus, sa perte est sans retour.

    L'éloquent demi-dieu chante ensuite et déteste
Du monstre des Crétois la naissance funeste;
Il chante cette reine, épouse de Minos,
Heureuse si jamais on n'eût vu de troupeaux.
Des filles de Prétus les fureurs sont connues,
Leurs vains gémissemens insultèrent les nues;
Mais leur délire ardent, leurs stupides fureurs
N'ont jamais de la Crète égalé les horreurs.
O honte! ô crime affreux! quels feux brûlent tes veines,
Folle Pasiphaé? qu'attends-tu dans ces plaines?
Le taureau que tu suis ne comprend point tes pleurs;
Épris d'autres amours, il foule un lit de fleurs,
Et toujours insensible à tes flammes brutales,
Dans quelque pâturage il te fait des rivales.
Chastes nymphes d'Ida, sortez de vos forêts,
Que ce taureau fatal expire sous vos traits:
S'il ne s'offre à vos coups sur la rive voisine,
Volez, suivez ses pas jusqu'aux murs de Gortine;
Sacrifiez ce monstre, et vengez en ce jour
Les lois de la nature, et l'honneur de l'amour.

    Pour égayer ses vers, l'ingénieux Silène
Peint le triomphe heureux du galant Hippomène;
Il décrit les fruits d'or dont l'éclat enchanteur
Sut soumettre Atalante à ce jeune vainqueur.

    Des sœurs de Phaéton il chante la tendresse:
Il chante aussi Gallus, des rives du Permesse

SILÈNE.

Conduit par une muse à la cour d'Apollon,
Et reçu par ce dieu dans le sacré vallon :
A le combler d'honneurs tout se plaît, tout conspire ;
Linus, ce beau berger, inventeur de la lyre,
Sous un habit de fleurs, le front ceint d'un laurier,
Au-devant de Gallus s'avance le premier :
Agréez, lui dit-il, cette flûte champêtre ;
Le pasteur Hésiode en fut le premier maître,
Avec elle il chanta les immortelles sœurs,
Quand il fut rajeuni par leurs tendres faveurs :
Attirés par ses sons, du sommet des montagnes
Les cèdres descendaient au milieu des campagnes.
Pour charmer comme lui ce séjour adoré,
Héritez, cher Gallus, ce hautbois révéré ;
Des bois sacrés du Pinde osez chanter la gloire,
Ils en seront plus chers aux filles de mémoire.

Silène chante aussi ce parricide amour
Qui ravit à Nisus la couronne et le jour.
Il peint cette Scylla, dont les monstres avides
Engloutirent au fond de leurs gouffres perfides
Les nochers gémissans, et les tristes vaisseaux
D'Ulysse poursuivi par le tyran des eaux.

Du barbare Térée il décrit la disgrâce ;
Il décrit les horreurs et le deuil de la Thrace,
Quand l'innocent Itys, à peine hors du berceau,
De son père coupable eut le sein pour tombeau :
Pour fuir ces lieux sanglans, Philomèle vengée
Prend un nouvel essor, en rossignol changée,
Et le funeste auteur de tant de noirs forfaits

ÉGLOGUE VI.

S'envole et traîne au loin d'inutiles regrets.
Qui pourrait bien louer la voix divine et tendre
Qu'aux deux bergers charmés le vieillard fit entendre?
Du souverain des vers tels étaient les accords ;
Quand l'heureux Eurotas, arrêté sur ses bords,
Instruisit les échos à redire la plainte
Que Phébus adressait à l'ombre d'Hyacinthe.
Ainsi mille zéphyrs portaient jusques aux cieux
Du maître de Bacchus les chants mélodieux,
Quand la nuit, terminant ce beau jour avec peine,
Sépara les pasteurs de l'aimable Silène.

NOTES.

Silène instruit deux bergers ; il leur chante l'origine et la formation de l'univers, né du concours fortuit des atomes, selon le système d'Epicure. Il leur raconte ensuite différens traits de l'histoire des siècles fabuleux. Quelques critiques condamnent encore ici Virgile, et prétendent que la matière de ce poëme est trop élevée pour l'Eglogue : d'autres justifient le poète, et pensent qu'aucun sujet n'est au-dessus de la poésie bucolique, quand il est présenté aux yeux sous un voile pastoral. Je me rangerais volontiers à ce dernier sentiment, surtout pour le Silène. Cette pièce ne renferme rien qui ne soit à la portée des bergers, qu'on doit supposer cultivés, polis, et d'une imagination exercée aux idées poétiques, tendres et riantes.

Premier imitateur du berger dont la muse....

Théocrite.

Apollon, peu facile à ces hardis projets....

Auguste avait ordonné à Virgile d'écrire dans le genre pastoral. Ce prince aimait à se voir désigné sous le nom et les attributs du dieu de la poésie.

Que d'autres, ô Varus, plus chers aux doctes fées...

Quintilius Varus s'était acquis quelque réputation dans les armes, au temps que Virgile écrivait ce poëme. Il fut ensuite célèbre par ses malheurs et par la perte des trois légions qu'il commandait en Allemagne, et qu'Arminius défit dans la forêt de Tomberg.

Des filles de Prétus les fureurs sont connues.

Lysippe, Ipponcé et Cyrianesse, filles de Prétus et de Stenoboé, se vantèrent d'être plus belles que Junon. La déesse, jalouse et irritée, les frappa d'un genre de folie qui leur fit croire qu'elles étaient métamorphosées en vaches.

Il chante aussi Gallus, des rives du Permesse...

Cornélius Gallus, poète, ami de Virgile.

Quand l'heureux Eurotas, arrêté sur ses bords...
Fleuve voisin de Lacédémone.

ÉGLOGUE VII.

MÉLIBÉE,

DISPUTE PASTORALE.

CORYDON, TYRSIS, MÉLIBÉE.

MÉLIBÉE.

Sous de frais alisiers Daphnis était assis :
Près de lui deux bergers, Corydon et Tyrsis,
Gardaient tranquillement, couchés sur des feuillages,
Leurs troupeaux réunis dans les mêmes herbages;
Tous deux, jeunes encor, nés aux mêmes hameaux,
Dans l'art de bien chanter furent toujours rivaux.
Ils allaient commencer leur dispute incertaine;
Le hasard m'amena vers le lieu de la scène:
(Je cherchais mon bélier égaré dans ces champs,
Tandis que je plaçais mes myrtes loin des vents.)
« Venez, me dit Daphnis, j'ai vu dans cette route

MÉLIBÉE.

» Un bélier vagabond, que vous cherchez, sans doute;
» Soyez moins inquiet, il suivra les troupeaux
» Que le soir va conduire aux sources de ces eaux :
» Partagez avec nous sur ces rives fécondes
» Le plaisir d'un concert et la fraîcheur des ondes.
» Ce beau fleuve, en baignant ce bocage secret,
» Coule plus lentement, et s'éloigne à regret;
» A nos yeux enchantés son crystal représente
» D'un ciel riant et pur la peinture flottante;
» Là le bruit de l'abeille errante sur les fleurs
» Joint aux chants des oiseaux des sons doux et flatteurs. »

Il dit. De tant d'attraits pouvais-je me défendre ?
D'autres soins m'appelaient ; mais il fallut me rendre.
Déjà l'heure approchait de fermer mon bercail ;
En faveur des bergers je remis ce travail.
Soumis aux doctes lois des muses pastorales,
Tour-à-tour ils formaient des cadences égales;
Dans ses chansons Tyrsis parut trop plein d'aigreur,
Le chant de Corydon avait plus de douceur.

CORIDON.

Vous qui formez Codrus, déités d'Hippocrène,
Formez aussi mon goût aux plus aimables vers;
Je suspends pour toujours ma flûte à ce vieux frêne,
S'il ne m'est point donné d'égaler ses beaux airs.

TYRSIS.

Vous dont l'art aux beaux vers donne l'ame et la vie,
D'un lierre immortel, muse, parez mon front;
Que le pâle Codrus en expire d'envie ;
Que pour lui mes honneurs soient un mortel affront.

ÉGLOGUE VII.

CORYDON.

Déesse des chasseurs, agréez mon hommage,
D'un cerf sur votre autel j'ai suspendu le bois;
D'un porphyre brillant j'ornerai votre image,
Si Phébus votre frère anime mon hautbois.

TYRSIS.

Tous les ans d'un lait pur une coupe t'est due,
Priape; c'est assez pour un dieu tel que toi :
Si mon troupeau s'accroît, j'ornerai ta statue,
Et dans tous nos jardins nous chérirons ta loi.

CORYDON.

Charmante Galatée, aimable Néréide,
Toi dont le plus beau cygne envîrait la blancheur,
Si tu m'aimes encor quitte ta grotte humide,
Et du soir avec moi viens goûter la fraîcheur.

TYRSIS.

Nymphe que je chéris, que ton cœur me dédaigne,
Qu'il rejette mes soins, mes vœux, et mes présens,
Fuis-moi comme l'on fuit les poisons de Sardaigne,
Si les jours loin de toi ne me semblent des ans.

CORYDON.

Le printemps est fini : les troupeaux aux lieux sombres
Déjà cherchent à fuir les premières chaleurs;
Hêtres, couvrez le mien de vos plus fraîches ombres;
Ruisseaux, changez pour lui vos bords en lits de fleurs.

TYRSIS.

Quand l'hiver revenu nous chasse des bruyères,
Mon foyer me défend du souffle des Autans,

Je le crains aussi peu qu'un loup craint des bergères,
Et j'attends que Progné m'annonce le printemps.
CORYDON.
Dans la saison des fruits tout rit en ces campagnes :
Iphis est parmi nous, les jeux sont avec lui ;
Mais si ce beau berger sortait de nos montagnes,
Fleurs, fontaines, ruisseaux, tout sécherait d'ennui.
TYRSIS.
Tout languit dans nos champs quand Philis est absente :
L'herbe meurt, l'air moins pur nous voile le soleil ;
Dès que Philis revient, la terre est plus riante,
Le soleil reparaît dans un char plus vermeil.
CORYDON.
L'ormeau plaît au dieu Pan, le pampre au dieu d'automne,
Le laurier à Phébus, et le myrte à Cypris :
Mais le verd coudrier pare mieux ma couronne ;
Il plaît à ma bergère, il mérite le prix.
TYRSIS.
L'arbre chéri d'Alcide orne bien un rivage,
Le chêne une forêt, le tilleul un jardin :
Mais la jeune Philis les orne davantage
Quand elle y vient cueillir les présens du matin.
MÉLIBÉE.
Des deux bergers rivaux telle fut la dispute ;
Ils joignirent aux vers les accords de la flûte.
En vain le fier Tyrsis jugea son chant vainqueur ;
Corydon enleva mon suffrage et mon cœur.

NOTES.

Ce beau fleuve, en baignant ce bocage secret...

Le Mincio, rivière du Mantouan, aujourd'hui le Menzo.

Vous qui formez Codrus, déités d'Hippocrène...

Poète illustre, ami et contemporain de Virgile. Ses ouvrages ne nous ont point été conservés.

Fuis-moi comme l'on fuit les poisons de Sardaigne.

L'île de Sardaigne portait une herbe fort singulière ; ceux qui en avaient mangé mouraient en riant malgré eux. C'est de là qu'on appelle un ris forcé, *ris sardonien*.

L'arbre chéri d'Alcide orne bien un rivage.

Le peuplier. Hercule s'en couronna lorsqu'il descendit aux enfers.

ÉGLOGUE VIII.

LES REGRETS DE DAMON,

ET LE SACRIFICE MAGIQUE.

DAMON, ATIS.

Amour, dieu des bergers, toi qui règles leurs sons,
De Damon et d'Atis redis-moi les chansons;
Quels airs formait leur voix lorsque pour les entendre
Les troupeaux enchantés négligeaient l'herbe tendre,
Les tigres adoucis venaient les admirer,
Les ruisseaux arrêtés craignaient de murmurer?

Soutiens mes faibles chants, ô toi que la Victoire
Ramène à nos desirs sur l'aile de la Gloire:
Jeune triomphateur, quand viendra l'heureux temps
Où je saurai chanter tes exploits éclatans?
Prêt à quitter pour toi la rustique musette,
Déjà j'ose essayer l'héroïque trompette:
Sous tes yeux autrefois ma muse, jeune encor,
Vers le double coteau prit son premier essor;
Elle osa de ses chants te vouer les prémices,
Elle veut les finir sous tes brillans auspices:

Mais avant que sa voix, sur de plus nobles airs,
Du chantre d'Ilion imitant les beaux vers,
Te marque au rang des dieux de l'heureuse Italie,
Souffre encor ces chansons que me dicte Thalie,
Et permets que la main des timides pasteurs
Unisse à tes lauriers un lierre et des fleurs.

La nuit disparaissait; l'amante de Céphale
Venait ouvrir au jour la rive orientale,
La diligente abeille arrivait sur le thym,
Et les troupeaux goûtaient la fraîcheur du matin ;
Quand le triste Damon, penché sur sa houlette,
Fit retentir au loin sa plaintive musette.
Un beau jour commençait ; mais un cœur plein d'ennui
Goûte-t-il les beaux jours ? il n'en est plus pour lui.

DAMON.

Parais, s'écriait-il, ranime ta lumière,
Du soleil renaissant trop lente avant-courière,
Etoile que chérit la mère des Amours,
Brille aux cieux, ouvre enfin le dernier de mes jours.
Victime des rigueurs d'une amante infidèle,
Pour la dernière fois je viens me plaindre d'elle.
Ciel, je m'en plains à toi. Souffrez-vous, immortels,
Qu'on trahisse un amour juré sur vos autels ?
« Muse, prête au chagrin qui va finir ma vie
» Les tristes airs dont Pan pleura Syrinx ravie. »
Pour fuir le dieu des bois, plongée au fond des eaux,
Syrinx fut transformée en d'utiles roseaux :
Pan embrassait les joncs qui cachaient sa bergère ;
Il tira des soupirs de leur tige légère ;

LES REGRETS DE DAMON.

Du Ménale à l'instant les fidèles échos
Répétèrent les sons des premiers chalumeaux.
« Poursuis, Muse ; au chagrin qui va finir ma vie
» Prête les airs dont Pan pleura Syrinx ravie. »
Le croirai-je, grands dieux ! Quoi ! pour d'autres amours
Daphné quitte Damon ! je la perds pour toujours !
Trop crédules amans, fiez-vous aux bergères ;
Idolâtrez encor ces beautés mensongères.
Daphné chérit Mopsus ! quelle étrange union !
Ainsi, que la brebis s'unisse au vieux lion,
Que les chiens de Diane et les biches craintives
Viennent bondir ensemble, et boire aux mêmes rives;
Après l'affreux hymen qui cause mon trépas,
Ces monstrueux accords ne me surprendront pas.
Prépare, heureux rival, cette charmante fête ;
Aux autels de Vénus va mener ta conquête ;
Triomphe, et par tes vœux hâte la fin du jour,
L'instant du sacrifice, et l'heure de l'amour.
« Poursuis, Muse ; au chagrin qui va finir ma vie
« Prête les airs dont Pan pleura Syrinx ravie. »
Quel caprice ! quel choix ! pour cet indigne époux
Peux-tu rompre, Daphné, les liens les plus doux ?
Le ciel protége-t-il les bergères perfides ?
Ton cœur ne craint-il point les noires Euménides ?
Ah ! si les dieux cruels autorisent ton choix,
Songe au moins qu'il te rend la fable de nos bois.
« Poursuis, Muse ; au chagrin qui va finir ma vie
» Prête les airs dont Pan pleura Syrinx ravie. »
Ingrate, souviens-toi de nos jeunes plaisirs :

EGLOGUE VIII.

Tu fus le seul objet de mes premiers soupirs ;
Nés au même hameau, dans les jeux de l'enfance
Nous goûtions les douceurs d'une même innocence:
Ta naissante beauté savait déjà charmer;
Mon cœur déjà sensible apprenait à t'aimer ;
Je n'avais pas douze ans, aux beaux jours de l'automne
Je t'ouvrais nos vergers pleins des dons de Pomone ;
Pour toi je dépouillais nos arbres les plus beaux ,
Je n'atteignais qu'à peine à leurs premiers rameaux ;
Je voyais, j'admirais le progrès de tes charmes :
Qui l'eût dit qu'ils devaient me coûter tant de larmes !
Ta chaîne seule, Hymen, manquait pour nous unir !
Devais-tu naître, amour, si tu devais finir ?
« Poursuis, Muse ; au chagrin qui va finir ma vie
» Prête les airs dont Pan pleura Syrinx ravie. »
Dans ma jeunesse, Amour, je t'avais trop connu:
Hélas ! je te croyais un enfant ingénu ;
Mais, cruel ! tu n'es point, non (j'en crois mes disgrâces),
Ni le fils de Vénus, ni le frère des Grâces ;
Paphos ne t'a point vu naître au printemps nouveau,
Le Riphée ou l'Athos t'ont servi de berceau ;
Dans le sein d'Alecton, monstre ! tu pris naissance ;
Une horrible lionne allaita ton enfance ;
La Thrace t'endurcit au sein des noirs frimas ,
Et les Scythes au meurtre instruisirent ton bras.
« Poursuis , Muse ; au chagrin qui va finir ma vie
» Prête les airs dont Pan pleura Syrinx ravie. »
Livrée à tes fureurs , impitoyable Amour,
Une mère à ses fils a pu ravir le jour ;

Méconnais-tu ton sang dans ces chères victimes,
Implacable Médée? Amour, voilà tes crimes!
Si ses fils ont péri par un coup inhumain,
Dans leur flanc innocent tu conduisais sa main.
« Poursuis, Muse; au chagrin qui va finir ma vie
» Prête les airs dont Pan pleura Syrinx ravie. »
C'en est donc fait! Daphné s'est unie à Mopsus.
Que tout change; non, rien ne m'étonnera plus;
Que Flore aime l'hiver, que les hiboux funèbres
Chantent mieux que le cygne, et craignent les ténèbres;
Que dans nos bois Arcas chante comme Amphion,
Que sa lyre aux dauphins rende un autre Arion.
Muse, c'est trop gémir, cesse une vaine plainte;
Mon cœur déjà flétri sent sa mortelle atteinte:
Croissez, belles forêts; adieu, charmans déserts;
Je choisis pour tombeau le vaste sein des mers;
Muse apprends-le à Daphné; pars, vole à la cruelle;
Que mon dernier soupir soit porté sur ton aile.

 Quels airs chantait Atis? Euterpe, apprenez-nous
Les fiers enchantemens d'une amante en courroux:
Atis d'un bois voisin avait vu le mystère;
Il répéta ces vers qu'avait dits la bergère.

ATIS.

Commençons, chère Isis; présente aux immortels
Cette coupe sacrée, et dresse trois autels:
Aux secrets de mon art unis ton assistance;
Fixons du beau Daphnis la volage inconstance:
Brûle sur ce bûcher la vervenue et l'encens;
Ma voix va proférer de suprêmes accens.

« Charmes impérieux, puissance enchanteresse,
» Ramenez mon berger, ou chassez ma tendresse. »
Tout subit de mon art l'inévitable loi ;
Vainqueur de la nature, il la remplit d'effroi ;
A mon gré le ciel tourne, et la terre tremblante
Voit descendre le char de la lune sanglante.
Circé retint par l'art des magiques accords
Les compagnons d'Ulysse enchantés sur ses bords.
« Charmes impérieux, puissance enchanteresse,
» Ramenez mon berger, ou chassez ma tendresse. »
Isis, sois attentive au mystère secret :
De Daphnis fugitif place ici le portrait :
Je le dois couronner de ces trois bandelettes ;
J'y suspends en festons trois rangs de violettes.
Je le porte trois fois autour de trois autels ;
Ce nombre fut toujours chéri des immortels.
« Charmes impérieux, puissance enchanteresse,
» Ramenez mon berger, ou chassez ma tendresse. »
Forme trois nœuds, Isis, et chante en les formant,
« Que Vénus soit propice à ce lien charmant. »
« Charmes impérieux, puissance enchanteresse,
» Ramenez mon berger, ou chassez ma tendresse. »
L'argile s'endurcit à ce feu de lauriers,
La cire s'attendrit près des mêmes brasiers ;
Ainsi, que pour moi seule attendri, doux, sincère,
Daphnis soit endurci pour toute autre bergère.
Cieux, enfers, unissez vos secours à mes vœux ;
Et toi, puissant Amour, porte-lui tous tes feux.
« Charmes impérieux, puissance enchanteresse,

LES REGRETS DE DAMON.

» Ramenez mon berger, ou chassez ma tendresse. »
Non, non; perdons l'ingrat; qu'il éprouve à son tour
Le tourment de m'aimer sans me donner d'amour :
Qu'il souffre, sans me voir sensible à son supplice,
Ce que souffre un taureau que fuit une génisse,
Quand, las de la poursuivre, il tombe au bord des eaux,
Et ne peut vers la nuit rejoindre les troupeaux.
J'en jure ces autels, s'il résiste à mes charmes,
Ses jours sont dévoués à d'éternelles larmes.

Pourquoi garder ses dons autrefois si chéris?
Il n'a plus de tendresse, elle en faisait le prix.
De la foi des amans trompeurs et faibles gages,
Que sert votre secours contre des cœurs volages?
Brûlez, disparaissez, chers et tristes présens,
Puisque je perds un cœur dont vous m'étiez garans.
« Charmes impérieux, puissance enchanteresse,
» Ramenez mon berger, ou chassez ma tendresse. »
Un savant enchanteur aux rives de Colchos
M'a cueilli ces poisons nés du sein des tombeaux.
Le pouvoir redouté de ces fatales herbes
Fléchit des noirs torrens les déités superbes :
Par leur secours vainqueur l'amante de Jason
Conquit à son héros la brillante toison :
Souvent au fond des bois, par leur vertu suprême,
J'ai vu Mœris en loup se transformer lui-même ;
Dans l'horreur de la nuit autour des monumens
Il erre, il soumet tout à ses enchantemens ;
Des portes du trépas et des royaumes sombres
Aux ordres de sa voix j'ai vu sortir les ombres ;

Vers leurs sources j'ai vu les fleuves remontés,
Et dans d'autres guérets les épis transplantés.
« Charmes impérieux, puissance enchanteresse,
» Ramenez mon berger, ou chassez ma tendresse. »
Le cruel ne vient point. Que servent mes accens ?
Un dieu plus fort rend-il mes efforts impuissans ?
Tentons un dernier charme : Isis, prends cette cendre;
Dans le ruisseau voisin nous devons la répandre :
Répands-la loin de toi, sans y porter les yeux :
Ici peut-être enfin le ciel m'aidera mieux.
« Charmes impérieux, puissance enchanteresse,
» Ramenez mon berger, ou chassez ma tendresse. »
Que vois-je? dieux du Styx, seriez-vous moins cruels?
Quel présage brillant embellit ces autels!
La cendre de ces fleurs se ranime elle-même;
Dois-je m'en croire? Hélas! on croit tout, quand on aim
Non, ce n'est point l'erreur d'un trop crédule amour!
Le chien de mon berger m'annonce son retour.
Aux charmes infernaux d'un magique mystère
Fais succéder, Amour, les charmes de Cythère.

NOTES.

Soutiens mes faibles chants, ô toi que la victoire...

Octavien-César ; il venait de la bataille de Philippe, dans laquelle il avait défait l'armée de Brutus et de Cassius, meurtriers de Jules-César.

Mais avant que sa voix sur de plus nobles airs...

Il annonce l'Énéide. J'ai cru pouvoir mettre ici Homère, au lieu de Sophocle que porte le texte.

Il répéta ces vers qu'avait dits la bergère.

Cette pièce a beaucoup de l'air de la seconde idylle de Théocrite, où Siméthée, abandonnée aussi de son amant, pratique dans un sacrifice nocturne les mêmes cérémonies à-peu-près que la magicienne de Virgile.

ÉGLOGUE IX.

MŒRIS.

LYCIDAS, MOERIS.

LYCIDAS.

Quel sujet, cher Mœris, vous conduit à la ville?

MOERIS.

Hélas! ici bientôt je n'aurai plus d'asile.
Ciel! à tant de malheurs si j'étais réservé,
A des ans si nombreux pourquoi suis-je arrivé?

« Fuis, m'a dit un cruel, fuis, cherche une autre terre ;
» Ton champ devient le mien par les lois de la guerre.
Berger, tel est mon sort : vous voyez ces chevreaux,
Malgré moi je les porte à l'auteur de mes maux ;
Mais plaise aux dieux pasteurs, souverains des prairies,
Que ce présent forcé nuise à ses bergeries !

LYCIDAS.

Un berger m'avait dit qu'en faveur des beaux vers
Par votre fils Ménalque au dieu de Rome offerts,
On vous laissait un champ depuis cette colline
Jusqu'à ce plant d'ormeaux que le fleuve termine.

MOERIS.

Il est vrai ; mais tout change, et nos vers sont perdus ;
Les paisibles hautbois ne sont plus entendus ;
Le son tumultueux des bruyantes trompettes
Rend les muses des bois craintives et muettes ;
Leur faible troupe en deuil fuit des lieux d'alentour
Comme fuit la colombe à l'aspect de l'autour.
Pour moi, si, profitant des présages célestes,
Je n'avais prévenu des malheurs plus funestes,
J'aurais déjà subi la plus cruelle mort,
Et l'aimable Ménalque eût eu le même sort.

LYCIDAS.

O dieu ! Mais, cher Mœris, cet étranger féroce
L'eût-il assez été pour ce forfait atroce ?
Ménalque, cher pasteur, délices de nos champs,
Ah ! si tu n'étais plus, qui nous rendrait tes chants ?
Qui loûrait comme toi les nymphes bocagères,
Les amours des bergers, les attraits des bergères ?

Quel autre chanterait des vers dans ce séjour
Tels que ceux qu'en secret tu m'appris l'autre jour,
Quand tu quittas ces lieux pour retourner aux rives
Dont le dieu recueillit tes muses fugitives ?

    Mais insensiblement mon troupeau reste au loin :
Jusques à mon retour, Tityre, ayez en soin ;
Quand vous le conduirez au bord de la rivière,
Évitez du bélier la corne meurtrière.

MOERIS.

Les beaux vers qu'en partant Ménalque vous a lus
Sont un essai de ceux qu'il fera pour Varus.
« Je veux t'offrir des vers que Phébus même avoue,
» Varus, si nous restons dans nos champs de Mantoue.
» O déplorable ville ! ô champs abandonnés !
» Ne vous verrai-je plus féconds et fortunés ?
» Vous seriez moins en proie aux horreurs de Bellone,
» Si vous étiez, hélas ! moins voisin de Crémone. »

LYCIDAS.

De votre docte fils j'aime toujours les vers.
De grâce, apprenez-moi quelqu'un de ses beaux airs ;
Ainsi du plus doux miel que vos ruches soient pleines,
Que toujours vos brebis soient fécondes et saines.
Chantez : moi-même aussi j'ai fait quelques chansons ;
Les Muses quelquefois m'ont donné des leçons,
Nos bergères souvent ont vanté ma musette ;
Mais je n'ose me dire ou me croire poète :
Je sais que pour prétendre à ce nom glorieux
Il faut pouvoir chanter les Césars et les dieux ;

ÉGLOGUE IX.

Timide admirateur des cygnes du Parnasse,
A les suivre de loin je borne mon audace.

MOERIS.

Des chansons de Ménalque écoutez quelques vers ;
Un pasteur y rappelle une Nymphe des mers.

Des grottes d'Amphitrite,
Climène, entends ma voix :
Le mois des fleurs t'invite
A rentrer dans nos bois ;
Sur ces rives fécondes
Quand Flore est de retour,
Quel charme sous les ondes
Fixe encor ton séjour ?

De l'alcyon tranquille
Zéphyre au sein des airs
Soutient d'une aile agile
Le berceau sur les mers ;
Cette jeune fougère
Où paissent mes moutons
A plus droit de te plaire
Que l'antre des Tritons.

Sous ces ombres nouvelles
Tout conspire aux beaux jours ;
Des nuits encor plus belles
Conspirent aux amours.
Des grottes d'Amphitrite,

MOERIS.

Climène, entends ma voix:
Le mois des fleurs t'invite
A rentrer dans nos bois.

LYCIDAS.

Un soir, dans ces vallons, sur des tons plus sublimes,
Chantant d'un nouveau dieu les honneurs légitimes,
Vous vantiez les beaux jours promis à l'univers :
Je n'en sais que le chant, rappelez-m'en les vers.

MOERIS.

« Des astres trop connus n'observons plus les routes,
» L'ame du grand César, astre plus radieux,
» Répand ses feux brillans sur les célestes voûtes,
» Et la fécondité sur ces aimables lieux.

» Sous l'aspect bienfaisant de ce signe propice
» Nos coteaux s'orneront de raisins plus nombreux,
» Et les arbres plantés sous son fertile auspice,
» Auront encor des fruits pour nos derniers neveux. »

Pardonnez, je ne puis rien chanter davantage;
Ma mémoire s'éteint, tout s'éteint avec l'âge :
Des Muses, jeune encor, quand je suivais la cour,
Je savais assez d'airs pour chanter tout le jour ;
Ce bel âge n'est plus, tout cède à la vieillesse.
Non, je n'ai plus de voix comme dans ma jeunesse;
Dans ces gracieux jours, sous mes doigts plus légers,
Mon chalumeau docile enfantait de beaux airs :
Mais par le froid des ans ma main trop engourdie
N'est plus propre à former de vive mélodie;

Des vers que je savais le souvenir m'a fui :
Au retour de mon fils vous les saurez de lui.
LYCIDAS.
Non, Mœris, c'est de vous que je veux les entendre.
Je sais que votre chant est encor vif et tendre :
Le silence des vents endormis dans ces bois,
Et le calme des eaux, favorisent nos voix ;
Reposons-nous ici, chantons sous ce feuillage :
Nous avons déjà fait la moitié du voyage ;
Déjà de Bianor j'aperçois le tombeau ;
Des bergers pour l'orner dépouillent un ormeau.
Si pourtant vous craignez que cet épais nuage
N'amène avec la nuit quelque subit orage,
Cédez-moi ce fardeau, chantez même en marchant ;
L'ennui du voyageur se charme par le chant.
MOERIS.
Cessez de m'arrêter, arrivons à la ville
Avant que le soleil s'ouvre l'onde tranquille ;
Il va finir sa course, et son char plus penchant
Semble déjà toucher aux portes du couchant.

NOTES.

CETTE églogue nous rappelle la première. Le père de Virgile ne put long-temps jouir en repos du bienfait de César, ni du privilége dont il est parlé dans le Tityre. Il fut chassé de sa terre par Arius, officier des légions de Marc-Antoine. Sous le nom de Mœris il raconte ici son infortune au berger Lycidas, tandis que Virgile, son fils, parti pour Rome, est allé porter sa plainte à ses protecteurs sur cette nouvelle violence.

Quel sujet, cher Mœris, vous conduit à la ville?
Mantoue.

Par votre fils Ménalque au dieu de Rome offerts.
Virgile.

Sont un essai de ceux qu'il fera pour Varus.

C'est le même dont il est parlé dans la sixième Églogue.

Si vous étiez, hélas! moins voisins de Crémone.

Après la victoire remportée sur Cassius et Brutus, les triumvirs distribuèrent à leurs soldats les territoires des villes qui avaient suivi le parti des meurtriers de Jules-César : Crémone était de ce nombre; ses campagnes ne suffisant pas, on étendit le partage des terres jusqu'aux villes voisines, à celles mêmes qui n'étaient point coupables; Mantoue en souffrit, quoiqu'elle n'eût point armé contre le triumvirat.

« L'ame du grand César, astre plus radieux....

Après la mort de Jules-César une comète parut

au ciel; le peuple, crédule, la prit pour l'ame de César.

Déjà de Banior j'aperçois le tombeau.

Le fondateur de Mantoue.

Cédez-moi ce fardeau, chantez même en marchant.

Les chevreaux dont Mœris a parlé.

ÉGLOGUE X.

GALLUS.

Nymphe, autrefois propice au pasteur de Sicile,
A mes derniers accords daignez être facile :
Aux soupirs de Gallus mêlons de tristes airs;
De ma Muse champêtre il exige des vers :
Puis-je les refuser ? il les veut d'un goût tendre,
Et tels que Lycoris se plaise à les entendre.
Commencez, consolez de funestes amours,
Aréthuse; et, pour prix de vos heureux secours,
Dans les champs d'Amphitrite et des ondes amères
Que vos ondes toujours coulent douces et claires ;
Puissiez-vous sans mélange, au sein des vastes flots,
A l'amoureux Alphée unir vos belles eaux !

GALLUS.

Chantons : tout s'attendrit; mes brebis attentives
Semblent s'intéresser à mes chansons plaintives,
L'amante de Narcisse, oubliant ses malheurs,
Dans ses antres profonds redira nos douleurs.
   Des secrets de Phébus, Nymphes, dépositaires,
Sur quels bords étiez-vous, dans quels bois solitaires,
Quand l'aimable Gallus, prêt à perdre le jour,
Dans un triste désert exhalait son amour ?
Ah! d'Aganippe alors vous aviez fui les rives ;
Sans doute, au bruit des eaux tristement fugitives,
Vous eussiez reconnu dans le sacré vallon
Que tout plaignait le sort d'un ami d'Apollon :
Les lauriers languissaient sous leurs tiges flétries ;
Les fleurs mouraient autour des fontaines taries ;
Et des bois d'Hélicon les sensibles échos
En sons entrecoupés répétaient des sanglots,
   Seul, et de Lycoris pleurant la perfidie,
Gallus sut émouvoir les rochers d'Arcadie :
Un troupeau, près de lui languissamment errant,
Partageait la douleur de son berger mourant :
(Souffre ce nom champêtre, ingénieux poète ;
Amphion, Adonis, ont porté la houlette.)
Aux antres du Lycée, attirés par tes pleurs,
Des hameaux d'alentour vinrent mille pasteurs ;
Par des soins complaisans cette troupe attristée
Voulait rendre le calme à ton ame agitée :
Inutiles efforts! Phébus même, attendri,
Eut peine à consoler son premier favori.
Cher Gallus, dit le dieu, quel fol amour t'enchante!

Ta Lycoris te fuit; cette volage amante,
Fidèle à ton rival, brave en d'autres climats
Les périls de la guerre, et l'horreur des frimas.

　Avec Faune et Silvain, Pan, le dieu des campagnes,
Pour soulager Gallus, vint du fond des montagnes;
Quel désespoir, dit-il, berger infortuné!
A perdre ainsi tes jours es-tu donc obstiné?
L'Amour n'est point sensible à tes vives alarmes;
C'est un enfant cruel, il se plaît dans les larmes;
Nos malheurs sont ses jeux, nos peines ses plaisirs:
L'abeille vit de fleurs, l'amour vit de soupirs.

　De sa peine, à ces mots, calmant la violence,
Gallus rompit enfin un lugubre silence;
D'une voix presque éteinte il dit en soupirant:
Derniers témoins des maux d'un berger expirant,
Pasteurs de l'Arcadie, arbitres des airs tendres,
Bientôt vous donnerez un asile à mes cendres:
Mon ombre chez les morts descendra sans regrets,
Si vous éternisez mon nom dans vos forêts.
Hélas! de mon destin que n'ai-je été le maître!
Sous vos paisibles toits si le ciel m'eût fait naître,
Je chérirais encor le lieu de mon berceau;
Dans vos champs où l'Amour a creusé mon tombeau,
Occupé parmi vous au soin des bergeries,
Heureux, j'eusse trouvé dans vos plaines chéries
De plus fidèles cœurs, des plaisirs plus constans.
Et pour moi Lachésis eût filé plus long-temps:
J'aurais aimé sans crainte une simple bergère;
Par sa naïve ardeur elle aurait su me plaire:

Elle aurait eu peut-être un peu moins de beauté,
Elle aurait eu du moins plus de fidélité;
Sur la mousse et les fleurs souvent assis près d'elle,
J'aurais fait chaque jour quelque chanson nouvelle;
Son nom dans tous mes airs aurait été vanté.

Que n'es-tu, Lycoris, sur ces charmans rivages!
Les Ris au vol léger peuplent ces verds bocages;
Plus heureux que les dieux j'y vivrais avec toi,
Et l'univers entier ne serait rien pour moi.

Vains souhaits! tu me fuis. Où pourrai-je encor vivre?
Aux fureurs des combats faut-il que je me livre?
Faut-il... Quel souvenir réveille mon chagrin!
Près des Alpes, cruelle! aux bords glacés du Rhin,
Loin du plus tendre amant, et loin de ta patrie,
Des fougueux Aquilons tu braves la furie.
Respectez Lycoris, durs glaçons, noirs frimas;
N'empêchez point les fleurs d'éclore sous ses pas;
Et vous, Zéphyrs, Amours, suivez-la sur ces rives,
Des chaînes de l'hiver tirez leurs eaux captives;
Que la riante Flore établisse sa cour
Partout où Lycoris fixera son séjour.

Pour moi, traînant partout ma triste léthargie,
Je consacre ma flûte aux sons de l'élégie.
Que ne puis-je me fuir? Dans les antres des ours
Allons ensevelir et ma flamme et mes jours:
Là, cachant (puisqu'enfin l'ingrate m'est ravie)
Le reste infructueux d'une mourante vie,
Mon cœur de son tourment fera son seul emploi;
Je chercherai des bois aussi tristes que moi:

J'aimerai votre horreur, solitaires vallées,
Que jamais nul troupeau, nul berger n'a foulées;
Mes larmes grossiront vos torrens fugitifs;
J'apprendrai des soupirs à vos échos plaintifs;
Sur vos jeunes cyprès du fer de ma houlette
J'écrirai les amours que ma muse regrette;
Chaque jour vous croîtrez, infortunés cyprès,
Et vous, traits douloureux gravés par mes regrets :
Mes disgrâces vivront sur les arbres tracées;
Elles vivront bien plus dans mes sombres pensées.

Mais que veux-je! pourquoi changer mes jours en nuit
Fuyons la solitude, empire des ennuis;
Sans craindre les rigueurs d'Éole et des Hyades,
Suivons plutôt Diane et les vives Dryades;
Allons livrer la guerre aux hôtes des forêts;
Le chevreuil égaré tombera sous mes traits :
J'y cours... J'erre déjà dans des routes sauvages;
Un cerf part, il s'élance à travers les feuillages...
J'entends les sons du cor joints aux voix des chasseurs,
Et des chiens animés les rapides clameurs :
Viens, suis-moi, Lycoris... Ah ciel! que dis-je encore?
Quel nom m'échappe? Amour, en vain donc je t'abhorr
Dieu cruel! n'est-il plus d'asile sous les cieux
Qui dérobe mon cœur à tes traits rigoureux?
Partout je te retrouve, aux antres des montagnes,
Sous les drapeaux de Mars, dans la paix des campagnes
Fuyez, portez ailleurs vos charmes superflus,
Bergers, chasseurs, guerriers, vous ne me charmez plu
J'essuierais vos travaux et vos courses pénibles

GALLUS.

Sans ramener mon cœur à des jours plus paisibles :
En vain je voguerais sur l'Hèbre impérieux,
Ses flots lents et glacés n'éteindraient point mes feux;
Quand, pasteur d'un troupeau de l'ardente Libye,
Dans ses sables brûlans j'irais cacher ma vie,
Après mille dangers et mille maux soufferts,
Mon corps encor captif gémirait dans ses fers.
Amour tient tous les cœurs sous une même chaîne:
Aimons donc, rendons-nous à sa loi souveraine.

Bornons ici nos airs ; Muses, sortons des bois:
Je vous rends pour toujours le champêtre hautbois.
A l'aimable Gallus, Nymphes, allez redire
Ce qu'une amitié tendre en sa faveur m'inspire :
Volez, portez aussi mes vers à Lycoris;
Ils plairont à Gallus, si d'elle ils sont chéris;
Que par eux cet amant console sa tristesse;
Qu'il en pèse le prix au poids de ma tendresse :
Elle vit en mon cœur, elle y croît en tout temps,
Tel un tilleul fleuri croît à chaque printemps.

Retournons au bercail, c'est trop chanter à l'ombre.
Partez, moutons, déjà la campagne est plus sombre;
Les heures chez Thétis ont conduit le Soleil :
Et la nuit fend les airs sur l'aile du Sommeil.

NOTES.

Le poète, sous des images pastorales, déplore l'opiniâtre passion de Gallus pour Cythéris, actrice fameuse du théâtre romain, qui avait beaucoup d'esprit et de goût. Elle est ici appelée Lycoris, nom sous lequel Gallus l'avait célébrée dans ses élégies. Pour ajuster son sujet au génie de l'églogue, Virgile fait un berger de son ami. Il feint que Gallus s'est retiré dans les bois de l'Arcadie, où les dieux tâchent en vain de lui faire oublier l'infidèle Cythéris.

Aux antres du Lycée, attirés par tes pleurs...

Montagne de l'Arcadie.

LE SIÈCLE PASTORAL,

IDYLLE.

Précieux jour dont fut ornée
La jeunesse de l'univers,
Par quelle triste destinée
N'êtes-vous plus que dans nos vers ?

Votre douceur charmante et pure
Cause nos regrets superflus,
Telle qu'une tendre peinture
D'un aimable objet qui n'est plus.

PASTORAL.

La terre, aussi riche que belle,
Unissait, dans ces heureux temps,
Les fruits d'une automne éternelle
Aux fleurs d'un éternel printemps.

Tout l'univers était champêtre,
Tous les hommes étaient bergers;
Les noms de sujet et de maître
Leur étaient encore étrangers.

Sous cette juste indépendance,
Compagne de l'égalité,
Tous dans une même abondance
Goûtaient même tranquillité.

Leurs toits étaient d'épais feuillages,
L'ombre des saules leurs lambris;
Les temples étaient des bocages
Les autels des gazons fleuris.

Les dieux descendaient sur la terre,
Que ne souillaient aucuns forfaits,
Dieux moins connus par le tonnerre
Que par d'équitables bienfaits.

Vous n'étiez point dans ces années,
Vices, crimes tumultueux;
Les passions n'étaient point nées,
Les plaisirs étaient vertueux.

Sophismes, erreurs, imposture;
Rien n'avait pris votre poison ;
Aux lumières de la nature
Les bergers bornaient leur raison.

Sur leur république champêtre
Régnait l'ordre, image des cieux.
L'homme était ce qu'il devait être ;
On pensait moins, on vivait mieux.

Ils n'avaient point d'aréopages
Ni de Capitoles fameux ;
Mais n'étaient-ils point les vrais sages,
Puisqu'ils étaient les vrais heureux?

Ils ignoraient les arts pénibles,
Et les travaux nés du besoin ;
Des arts enjoués et paisibles
La culture fit tout leur soin.

La tendre et touchante harmonie
A leurs jeux doit ses premiers airs ;
A leur noble et libre génie
Apollon doit ses premiers vers.

On ignorait dans leurs retraites
Les noirs chagrins, les vains desirs,
Les espérances inquiètes,
Les longs remords des courts plaisirs.

PASTORAL.

L'Intérêt au sein de la terre
N'avait point ravi les métaux,
Ni soufflé le feu de la guerre,
Ni fait des chemins sur les eaux.

Les pasteurs, dans leur héritage
Coulant leurs jours jusqu'au tombeau,
Ne connaissaient que le rivage
Qui les avait vus au berceau.

Tous dans d'innocentes délices,
Unis par des nœuds pleins d'attraits,
Passaient leur jeunesse sans vices,
Et leur vieillesse sans regrets.

La mort, qui pour nous a des ailes,
Arrivait lentement pour eux;
Jamais des causes criminelles
Ne hâtaient ses coups douloureux.

Chaque jour voyait une fête;
Les combats étaient des concerts :
Une amante était la conquête;
L'Amour jugeait du prix des airs.

Ce dieu berger, alors modeste,
Ne lançait que des traits dorés;
Du bandeau, qui le rend funeste,
Ses yeux n'étaient point entourés.

LE SIÈCLE

Les Crimes, les pâles Alarmes,
Ne marchaient point devant ses pas ;
Il n'était point suivi des larmes,
Ni du dégoût, ni du trépas.

La bergère, aimable et fidèle,
Ne se piquait point de savoir ;
Elle ne savait qu'être belle,
Et suivre la loi du devoir.

La fougère était sa toilette,
Son miroir le crystal des eaux,
La jonquille et la violette
Étaient ses atours les plus beaux.

On la voyait dans sa parure
Aussi simple que ses brebis ;
De leur toison commode et pure
Elle se filait des habits.

Elle occupait son plus bel âge
Du soin d'un troupeau plein d'appas,
Et sur la foi d'un chien volage
Elle ne l'abandonnait pas.

O règne heureux de la nature,
Quel dieu nous rendra tes beaux jours ?
Justice, Égalité, Droiture,
Que n'avez-vous régné toujours ?

PASTORAL.

Sort des bergers, douceurs aimables,
Vous n'êtes plus ce sort si doux ;
Un peuple vil de misérables
Vit pasteur sans jouir de vous.

Ne peins-je point une chimère ?
Ce charmant siècle a-t-il été ?
D'un auteur témoin oculaire
En sait-on la réalité ?

J'ouvre les fastes sur cet âge,
Partout je trouve des regrets ;
Tous ceux qui m'en offrent l'image
Se plaignent d'être nés après.

J'y lis que la terre fut teinte
Du sang de son premier berger ;
Depuis ce jour, de maux atteinte,
Elle s'arma pour le venger.

Ce n'est donc qu'une belle fable :
N'envions rien à nos aïeux ;
En tout temps l'homme fut coupable,
En tout temps il fut malheureux.

On ne trouvera peut-être pas déplacés ici les vers suivans de J.-J. Rousseau. Le philosophe de Genève fut tellement ému à la lecture du Siècle Pastoral, qu'il entreprit de donner une suite à l'idylle de Gresset.

> Mais qui nous eût transmis l'histoire
> De ces temps de simplicité ?
> Était-ce au temple de Mémoire
> Qu'ils gravaient leur félicité ?
>
> La vanité de l'art d'écrire
> L'eût bientôt fait évanouir ;
> Et sans songer à la décrire,
> Ils se contentaient d'en jouir.
>
> Des traditions étrangères
> En parlent sans obscurité ;
> Mais dans ces sources mensongères
> Ne cherchons point la vérité.
>
> Cherchons-la dans le cœur des hommes,
> Dans ces regrets trop superflus,
> Qui disent dans ce que nous sommes
> Tout ce que nous ne sommes plus.

PASTORAL.

Qu'un savant des fastes des âges
Fasse la règle de sa foi ;
Je sens de plus sûrs témoignages
De la mienne au dedans de moi.

Ah ! qu'avec moi le ciel rassemble,
Apaisant enfin son courroux,
Un autre cœur qui me ressemble !
L'âge d'or renaîtra pour nous.

DISCOURS

PRONONCÉ

A L'ACADÉMIE FRANÇAISE,

Par l'auteur, le jour de sa réception, à la place de M. Danchet, le 4 avril 1748.

Messieurs,

Le sentiment est trop au-dessus des couleurs qu'on lui prête, et de l'art qui veut le peindre, pour que je puisse me flatter de vous bien exprimer ma reconnaissance; tous les agrémens, toute la nouveauté, toute la richesse du discours, ne sont que l'éloquence de l'esprit : il en est une plus persuasive, plus chère à ma sensibilité, et plus digne de vous : justifier ici vos bienfaits par leur usage, effacer des essais passagers par des travaux durables, voilà, Messieurs, le véritable hommage qui vous est dû, l'éloquence du cœur, vos droits et mes engagemens.

DISCOURS A L'ACADÉMIE.

Pourrais-je former d'autres projets et d'autres vœux en entrant dans ce temple de l'éloquence, de la poésie, de l'histoire, de la science, des mœurs et de tous les arts consacrés à l'instruction et au plaisir de l'esprit humain ? temple immortel, où les talens sont encouragés et récompensés, où la grandeur elle-même, non contente d'être associée aux talens, les partage et les embellit ; où enfin la critique, toujours aussi utile que sage, les éclaire et les perfectionne. A la vue de ce lieu respectable et des noms célèbres que présentent vos fastes, rapprochés des modèles et des secours, mes premiers sentimens, après la reconnaissance, ne doivent-ils pas être ceux de la plus noble émulation, et tous mes regards ne s'arrêtent-ils pas nécessairement sur les exemples illustres qui m'apprennent l'emploi du temps, sur la nécessité de se rendre utile à son siècle, et sur la gloire d'apprendre à la postérité qu'on a vécu ?

Tels furent, Messieurs, et les principes et les exemples de l'homme estimable que vous venez de perdre : toute sa vie fut appliquée, remplie, et digne de ses modèles ; né avec un esprit facile et fécond, un talent heureux pour la poésie, une ame faite pour saisir et peindre les idées élevées et les sentimens nobles, un jugement toujours maître du talent, M. Danchet avait joint à ces dons de la nature tous les secours de l'art, toute la culture de l'étude et de la réflexion, les richesses des muses d'Athènes et de Rome, et de tous les nouveaux trésors dont le Parnasse de l'Europe est enrichi depuis la fin des siècles barbares et la naissance des lettres; instruit, formé par les oracles de la poésie, rempli de leurs beautés, animé de leur esprit, il mérita de parler leur langue, et de partager leurs lauriers.

Je ne m'arrêterai point à caractériser ses différens écrits, ni à rappeler le succès des Tyndarides, des Cyrus, de Nitétis, couronné plusieurs fois sur la scène tragique, et le rang distingué qu'Hésione, Tancrède, et les Fêtes Vénitiennes, tiendront toujours sur la scène lyrique : c'est aux ouvrages à parler de leur auteur ; tout autre témoignage est suspect ou superflu. Mais il est un tribut plus cher que je puis payer à la mémoire de M. Danchet, avec toute l'autorité du témoignage public et avec cette satisfaction du cœur qui accompagne la vérité ; un tribut dont je ne dois rien omettre pour sa gloire et celle des talens même ; un titre plus honorable que les succès et que le frivole mérite de n'avoir que de l'esprit ; un éloge fait pour intéresser également et celui qui le donne et ceux qui l'écoutent : avantage bien rare pour la louange !

Ce n'est pas seulement, Messieurs, à l'idée générale d'une franchise respectable, d'une probité sans nuages, et d'une conduite sans variations, que je viens rappeler votre souvenir pour peindre tout le mérite de son ame : je n'ai nommé là que les vertus et les devoirs qu'il partageait avec tous les véritables honnêtes gens ; il n'avait d'amis qu'eux, il ne pouvait ressembler à d'autres ; mais, pour y joindre des traits plus personnels, un mérite dont il faut lui tenir compte, un avantage qu'il emporte dans le tombeau, c'est de n'avoir jamais déshonoré l'usage de son esprit par aucun abus de la poésie ; caractère si rare dans l'art dangereux qu'il cultivait, et où le talent ne doit pas être plus estimable par les choses mêmes qu'il produit, que par celles qu'il a le courage de se refuser. Instruit dès sa jeunesse et convaincu toute sa vie que la poésie ne doit être que l'interprète de la vérité et de l'honneur, la langue de la sagesse et de l'amitié, et le charme de la société, il ne partagea ni le délire ni l'ignominie de ceux qui la profanent : au-dessus de cette lâche envie qui est toujours une preuve humiliante d'infériorité; ennemi du genre satirique, dont l'art est si facile et si bas; ennemi de l'obscénité, dont le succès même est si honteux; inaccessible à cette aveugle licence qui ose attaquer le respect dû aux lois, au trône, à la religion, audace dont tout le mérite est en même temps si coupable et si digne de mépris; incapable enfin de tout ce que doivent interdire l'esprit sociable, la façon noble de penser, l'ordre, la décence et le devoir, ses écrits porteront toujours l'empreinte de son cœur.

Malgré l'opinion presque générale, il n'est pas toujours vrai qu'on se peigne dans ses ouvrages. Il est aisé d'être le panégyriste de l'honneur, l'organe des sentimens vertueux, et l'orateur des mœurs; mais quand on parcourt l'histoire de la poésie, on a quelquefois le regret de trouver les plus belles maximes en contradiction avec la vie de leurs déclamateurs, et l'élévation des préceptes dégradée par la bassesse des exemples : telle a été la malheureuse destinée de quelques écrivains qui ne prétendaient qu'à la célébrité, et qui n'ont ni connu ni mérité l'estime.

La mémoire de M. Danchet n'a rien à craindre d'un semblable reproche; la candeur, la raison, et la noblesse, que respirent tous ses ouvrages, sont l'histoire de sa vie : heureux en la perdant d'obtenir les regrets sincères de tous ceux qui l'ont bien connu! heureux d'avoir uni à ses talens tous les titres de l'honnête homme et du sage, et d'avoir toujours mis avant le vain bruit de la renommée le soin de s'immortaliser dans l'estime publique!

C'est votre ouvrage, Messieurs, ce sont vos biens que je viens d'exposer à vos yeux, en parlant de son cœur et de ses vertus; c'est par les principes invariables de cette illustre compagnie qu'il avait cultivé, enrichi, perfectionné, un naturel si heureux, et surtout l'esprit d'union, de déférence et de société, ce caractère si essentiel à la république littéraire, et dont vous donnerez toujours le modèle ; caractère de noblesse et de vérité, de force et de lumière, qui, ne connaissant ni les honteuses inquiétudes de la jalousie, ni les intrigues de la vanité, ni le tourment de la haine, ni la bassesse de nuire, reçoit et donne avec droiture tous les secours de la confiance, tous les conseils du goût, tous les jugemens de l'impartialité ; ne voit point un ennemi dans un concurrent ; applaudit tout haut aux vrais succès, sans se réserver à les déprimer tout bas ; et ne cherche que le bien, le progrès, et l'embellissement des arts. Voilà, Messieurs, l'esprit respectable qui vous anime ; voilà les lois et l'appui, ainsi que les premiers fondemens de l'Académie française. En ouvrant ses annales, monumens de la vertu ainsi que de la gloire littéraire, on voit avec un sentiment de plaisir qui n'échappe point aux ames généreuses, on voit, dis-je, que l'amitié éclaira la naissance de l'Académie. C'est sur une société choisie de sages qui s'aimaient et s'instruisaient réciproquement que le cardinal de Richelieu, ce vaste et profond génie à qui rien n'échappait de tous les moyens d'illustrer un empire, conçut le plan de cet établissement si honorable à sa mémoire, et si utile aux lettres et à la France.

A ce spectacle, Messieurs, au souvenir de votre origine, frappé de tout l'éclat de ce moment illustre, le premier d'une carrière immortelle, je me plaindrais de l'insuffisance de l'art à rendre en ce jour d'aussi brillantes images, et surtout à peindre dignement les traits des deux premiers protecteurs de l'Académie, si leur juste éloge ne venait de vous être tracé en ce moment par un homme né pour parler des hommes d'état, pour leur ressembler, pour leur appartenir par les talens comme par la naissance, et né également pour appartenir aux lettres et aux arts par un goût héréditaire.

Assez d'autres, en rendant hommage à l'Académie dans un jour semblable, ont vanté plus heureusement que je ne pourrais faire sa fondation, ses accroissemens, ses ouvrages immortels, et ses autres attributs : pour moi, Messieurs, si l'honneur de vous appartenir me donne quelque droit de vous rendre compte de moi-même, j'avouerai que, toujours indigné des inimitiés basses et des divisions indécentes dont l'empire des lettres est quelquefois agité, pénétré de vénération pour les exemples contraires que présente l'Académie, j'ai cru ne pouvoir mieux satisfaire au tribut public que je lui dois qu'en m'étendant à faire remarquer et respecter cette heureuse amitié, partie sans doute de vos fastes, puisqu'elle est l'histoire de la vertu, et que la vertu, dans l'ordre du bonheur public, marche avant les talens.

Cette union qui, en assurant vos progrès, présageait toute votre gloire, attira plus particulièrement sur vous l'attention du souverain. Louis XIV, aux noms sublimes de conquérant et de monarque, voulut joindre le titre de votre protecteur. Et qui peut douter que le sentiment généreux de la confiance, et ce concours de forces et de clartés toujours réunies par l'amour de l'intérêt commun, n'aient heureusement contribué aux progrès particuliers de tant de grands hommes qui ont illustré le dernier règne et la nation, et porté à un si haut degré de splendeur l'éloquence et la poésie, ainsi que la pureté, l'énergie, et l'élégance de la langue française, devenue par eux la langue de l'Europe? Différens dans leurs genres, mais placés dans la même carrière, rivaux sans division, concurrens dignes de s'estimer, simples et modestes, parce qu'ils étaient vraiment grands, les Corneille, les Bossuet, les Racine, les Fénélon, les La Fontaine, les Despréaux, les Fléchier, les Labruyère, furent toujours les exemples de ce caractère d'égalité et d'union qu'ils vous ont transmis. Pourrais-je ne point leur associer dans cet éloge leur contemporain, leur ami, leur rival, que nous avons la douceur de voir ici, cet homme adoré de leur siècle et du nôtre, modèle comme eux d'une vie rendue constamment heureuse par la raison, les grâces, et la vertu; d'une vie qui ne peut être trop longue au gré de nos desirs et pour notre gloire?

Que ces hommes divins, qui ont éclairé le siècle que je viens de louer en les nommant, servent plutôt à l'émulation qu'au découragement du nôtre, et que tous ceux qui cultivent les lettres apprennent, Messieurs, par les exemples qu'ils ont reçus de vous, et qu'ils en recevront toujours, qu'il est dans tous les temps de nouveaux lauriers.

Pour nous élever au grand, dans quelque

genre que ce soit, ne partons point de l'humiliant préjugé que nous sommes désormais réduits au seul partage d'imiter, et au faible mérite de ressembler : les progrès de la raison, des talens et du goût, loin de marquer les bornes de l'art aux yeux des ames supérieures, ne sont pour elles que de nouveaux degrés d'où elles osent s'élancer. Des astres ignorés, un nouveau monde inconnu à l'antiquité, n'auraient point été découverts dans les deux siècles qui précèdent le nôtre si cette courageuse émulation n'avait tracé la route. Par quel asservissement désespérerions-nous de voir éclore de nouveaux prodiges de l'esprit humain, de nouveaux genres de beautés et de plaisirs, de nouvelles créations? Le génie connaît-il des bornes? attendrions-nous moins de son empire illimité que des combinaisons de la matière, qui, toute bornée qu'elle est par son essence, est si riche, si inépuisable dans les formes qui la varient successivement? D'autres hommes ont vécu: nous qui les remplaçons, qui ne marchons que sur des ruines, ne voyons-nous pas le spectacle de l'univers toujours nouveau au milieu même des ruines qui le couvrent? Les découvertes inespérées, les événemens les plus imprévus, les objets les plus frappans, sont-ils refusés à nos regards? De nos jours une ville entière du nouveau monde vient de disparaître dans la profondeur des mers, nulle trace ne laisse soupçonner qu'elle ait existé; une autre ville de notre hémisphère, cachée aux regards du soleil depuis dix-sept siècles, sort de son tombeau, revient à la lumière, nous offre ses monumens; et, pour rappeler des traits plus intéressans, nos jours n'ont-ils pas vu l'heureuse expérience aller aux extrémités de la terre, interroger la nature, et dévoiler des mystères ignorés des autres siècles? Si après une aussi longue durée de ce globe que nous habitons la nouveauté peut encore régner sur les êtres matériels, malgré leurs limites, quelle étendue, quelle supériorité de puissance n'a-t-elle pas encore sur les productions, l'essor et les succès de la raison et de l'esprit, surtout dans la carrière immense de cet art créateur qui sait franchir les barrières du monde?

Les esprits frivoles et superficiels désavoueront mon espérance, les esprits faibles et timides ne s'élèveront pas jusqu'à elle ; c'est au génie qu'appartient le droit d'accepter l'augure et l'honneur de le justifier.

Quelle époque plus favorable pour former cet heureux présage, qui m'est bien moins suggéré par le téméraire espoir de le remplir que par mon amour pour les arts, et par ceux qui m'écoutent, et le temps où je parle ? quelle plus vaste et plus brillante carrière pour l'histoire, l'éloquence, et la poésie, qu'un règne qui leur offre tant de gloire et de grandeur à immortaliser ?

Que pourrais-je ajouter, Messieurs, à la force et à la vérité des traits sous lesquels on vient de vous offrir l'image de votre auguste protecteur ? vous y avez admiré la valeur et la victoire unies à la modération et à l'amour de la paix ; la royauté parée de tous les caractères qui font le père de la patrie ; l'humanité enfin avec tous les titres du sage et de l'homme adoré. Après ce tableau si ressemblant, où ma faiblesse n'aurait pu s'élever, qu'il me soit seulement permis, pour l'honneur des beaux arts, de rappeler et d'éterniser ici les bienfaits dont le Sophocle de notre âge vient d'être honoré.

Puissent nos travaux immortaliser les sentimens d'admiration, de respect et d'amour dont nous sommes pénétrés pour notre monarque auguste! La postérité célébrera comme nous ses vertus ; et, dans les siècles suivans, tous ceux qui, dans un jour semblable, rendront ici comme moi leur premier hommage à l'Académie, en nommant ses protecteurs, s'arrêteront avec complaisance sur l'éloge d'un souverain qui n'aura jamais été loué que par la vérité.

DISCOURS

SUR L'HARMONIE.

Prévenu de tout temps, Messieurs, contre le style du panégyrique, je ne prêterais point aujourd'hui ma voix à des louanges, si ce n'était en faveur d'un art au-dessus des louanges mêmes ; art brillant, art consacré dans tous les âges par l'amour de tous les peuples; art sublime par qui la terre s'entretient toujours avec les cieux, et paie encore aux immortels le tribut de ses hommages. A ces traits de lumière qui peut méconnaître l'harmonie? Vos goûts réunis pour elle feront plus ici que ne pourraient faire tous ces mensonges brillans qu'on décore du nom d'éloquence. La réflexion suit volontiers la pente où le sentiment la mène, et toujours l'esprit souscrit rapidement au mérite de ce que le cœur adore. Je ne viens point prouver que la musique doit plaire, c'est une de ces vérités de la nature, dont chacun porte la preuve écrite dans son ame, je ne viens point expliquer comme elle plaît, c'est un de ces plaisirs intimes dont il faut jouir avec transport sans analyser froidement ses causes : je veux seulement développer, d'abord la dignité de l'harmonie aux yeux de ceux qui la chérissent par instinct, sans avoir réfléchi sur son prix ; je veux ensuite démontrer les nombreux avantages de cette science, à ceux qui ne la croient que riante et frivole, fortifier le goût de ses amateurs, lui réconcilier ses adversaires, s'il en peut être ; voilà mon projet. La noblesse de l'harmonie, l'utilité de l'harmonie ; c'est sous ces deux idées que je vais réunir et ranger tous ses attributs et toutes ses grâces : Déclamations emphatiques, métaphores ampoulées, fastueuses hyperboles, disparaissez, soyez les beautés et les dieux du pédantisme ; la vérité sera ma seule éloquence. Heureux un art dont l'histoire est l'éloge !

PREMIÈRE PARTIE.

La noblesse des arts, comme celle de la naissance, me paraît fondée sur trois illustres prérogatives ; l'antiquité de son origine, sa puissance marquée, la vénération des peuples : triple avantage qu'on ne peut contester à la musique : suivons-en les preuves.

Il règne chez les historiens des sciences et des arts un défaut qui leur est commun avec les historiens des peuples et des empires ; les uns et les autres, plus épris du merveilleux que du vrai, ont souvent placé dans la fable l'origine de ce qu'ils célébraient: tantôt ils ont choisi à la nation, ou à l'art qu'ils vantaient, des Dieux pour aïeux ou pour inventeurs ; tantôt, dans des ténèbres augustes, ils en ont voilé l'origine. La plupart n'ont pu souffrir des commencemens simples et obscurs, oubliant que les fleuves les plus majestueux dans leur cours n'ont été d'abord que de faibles ruisseaux, partis souvent d'une source ignorée. Autorisé par ces exemples, je pourrais ou tirer un voile mystérieux sur le berceau de l'harmonie naissante, ou lui prêter une descendance fabuleuse, la faire naître des Dieux dans un Parnasse chimérique, ou dans un Olympe imaginaire. Que dis-je? La musique existait beaucoup long-temps avant que ces Dieux, l'ouvrage des hommes, fussent nés dans la fable. A ces pompeuses fictions, je pourrais joindre les songes brillans de Pythagore, vanter la magnifique harmonie des astres, leur marche mélodieuse, leurs révolutions cadencées, et ce concert sublime que forment tous les corps célestes et les cieux divers; mais des rêveries ne sont point mes preuves. Consultons les archives du monde, ces vastes vainqueurs de l'oubli, témoins de tous les temps, et contemporains de tous les arts: que nous diront-elles? que la musique compte autant de siècles de durée que l'univers même ; ils nous apprendront que l'aimable compagne du premier mortel fut l'inventrice des premiers sons mesurés ; que dès qu'elle eut entendu les gracieux accens des oiseaux, devenue leur rivale, elle essaya son gosier ; que bientôt elle y trouva une flexibilité qu'elle ignorait, et des grâces plus touchantes que celles des oiseaux mêmes ; qu'enfin, s'appliquant chaque jour à chercher dans sa voix des mouvemens plus légers et des cadences plus tendres, instruite par les amours déjà nés avec elle, bientôt elle se fit un art du chant, présent des cieux, par lequel, après sa disgrâce, elle sut souvent adoucir et charmer les peines de son époux, exilé du divin Elysée.

Si ce trait peut ne point suffire, ouvrons les fastes sacrés : dès l'entrée des annales saintes (a), nous verrons que Jubal, fils de Lamech, fut le père ou le maître de ceux qui chantaient le printemps de la nature et les bienfaits récens du Dieu créateur, au son de l'orgue et des cithares : d'où il est nécessaire de conclure, qu'avant Jubal même, le

---

(a) Gen., c. 4, 21.

chant était un art, puisque de son temps la musique instrumentale, faite pour accompagner la voix, était déjà inventée ; soit que cette charmante invention ait été enfantée par le seul génie, soit qu'elle ait été un art d'imitation ; et que, comme les oiseaux avaient déjà été nos maîtres pour le chant, les zéphirs l'aient été pour les instrumens, et que leur souffle, ou agitant les feuillages par des frémissemens légers, ou formant au travers des roseaux une espèce de tendres soupirs et de gémissemens harmonieux, ait donné naissance aux flûtes, aux métaux organisés par l'art, et à tous les instrumens que l'air anime et vivifie. Avançons : de la jeunesse du monde descendons de siècle en siècle ; à chaque pas nous trouverons des vestiges de l'antique noblesse de la musique; nous la verrons marcher de beautés en beautés, de nations en nations, de trônes en trônes. Née dans l'Orient, la première patrie de l'imagination et du génie, chaque âge à l'envi lui prête de nouveaux agrémens. Tour-à-tour le peuple hébreu, l'heureuse Assyrie, la savante Egypte, la sage Grèce, font de l'harmonie une de leurs lois fondamentales; déjà partout elle devient

SUR L'HARMONIE.

la dépositaire des monumens de la patrie : je m'explique.

Dans ces premiers temps, où l'on ignorait encore l'art d'écrire et de peindre la voix, les peuples ne conservaient leurs chroniques que dans des vers qu'on chantait fréquemment pour en perpétuer le souvenir ; par le secours de cette tradition ils rappelaient leur origine, les exploits de leurs conquérans, les préceptes de leurs arts, les louanges de leurs dieux, leur morale, leur mythologie, leur religion, que dis-je, leur religion elle-même était fondée, établie, appuyée sur les secours de la musique ; par elle les premiers législateurs des nations étaient sûrs d'engager, de persuader, de soumettre les esprits : ils savaient qu'on ne gagne bien sûrement les cœurs que par l'appât du plaisir ; qu'on facilite les devoirs en leur associant l'agrément ; qu'il faut parer les vertus, égayer les leçons, dérider la sagesse, orner la raison, et prêter des grâces à des lois trop austères, à des vérités trop tristes ; ils savaient qu'il faut prendre l'homme dans des filets dorés ; que c'est un enfant malade : si pour le guérir on veut lui faire prendre quelque liqueur amère, il faut que les bords du vase soient baignés d'une liqueur plus flatteuse, afin que, trompé par ce salutaire artifice, il boive à pleine coupe la santé et la vie. Ainsi Hermès-Trismégiste, Orphée, le dernier Zoroastre, les Gymnosophistes, tous les fondateurs des régions diverses, connaissant le goût naturel de l'homme pour les agréables accords, mirent à profit cette sensibilité ; ils donnèrent à l'harmonie l'une des premières places dans le sanctuaire : en donnant des Dieux aux nations, ils confièrent au pouvoir et aux règles du chant, l'histoire de ces divinités, les hymnes, les lois des fêtes, les coutumes des sacrifices, les chants des victoires, des hyménées, des funérailles, persuadés que leur religion, placée sur l'autel à côté de la paisible harmonie, s'y maintiendrait plus long-temps que si son autorité était seulement gravée sur le marbre ou sur les tables de bronze, et que si elle ne régnait que par la terreur au milieu des feux, et la foudre à la main.

Ici, peut-être quelqu'un en secret m'interrompt et me dit : J'avoue l'antiquité de la musique, mais qu'était-ce que la musique des

Anciens ? c'était sans doute l'enfance de l'art, des chants sans délicatesse, des voix sans goût, des airs sans mouvement, des instrumens sans ame, une harmonie sans expression, du bruit sans accords ; enfin, poursuit-on, comparer la musique ancienne à celle des derniers âges, c'est comparer le premier crépuscule du matin, l'éclat douteux de l'aurore, au soleil dans sa course. Illusion ordinaire du préjugé ; les siècles sont rivaux et réciproquement ennemis : le siècle présent croit toujours avoir surpassé ceux qui l'ont précédé, et ne rien laisser à perfectionner à ceux qui doivent le suivre ; mais (j'ose le dire sur la foi d'un savant (*a*) critique de nos jours, très-profond connaisseur de l'antiquité) ; oui, la musique ne fut peut-être jamais plus régulière que chez les premiers peuples : alors dans son printemps, telle encore qu'une jeune nymphe, belle sans fard, vive sans affectation, elle marchait à la suite de l'aimable nature ; depuis ces précieux jours, souvent déchue de l'état parfait, elle est à présent plus occupée à recouvrer ce qu'elle

(*a*) Dom Calmet.

a perdu de beautés, qu'à s'en chercher de nouvelles. En effet, les premiers enfans de la nature, ses favoris, avaient-ils moins que nous le don de l'invention? les Anciens avaient-ils moins de passion pour la belle harmonie? chez eux les musiciens étaient plus illustres ; chez eux la musique produisait de surprenans effets, que la nôtre ne produit plus ; par elle on voyait des séditions apaisées, des combats arrêtés, des tyrans fléchis, des frénétiques calmés, des mourans sauvés du tombeau. Doutera-t-on de ces prodiges attestés par les auteurs profanes, si on se rappelle ceux qu'attestent les monumens sacrés ? Ici, les Israélites devenus subitement prophètes du Seigneur, au seul son (*a*) des instrumens, subitement frappés d'une sainte ivresse, subitement instruits de l'histoire de l'avenir; là, le premier roi (*b*) d'Israël, du sein des fureurs infernales, ramené au calme et rendu à la paix par les accords de la harpe. Tant de faits brillans permettent-ils encore d'ignorer les charmes de l'antique harmonie? Qu'on ne dise point que la musique ancienne

(*a*) 1. Reg. 18, 6.
(*b*) 1. Reg. 16, 23.

était trop simple, trop peu variée ; déjà l'ivoire, l'airain et les bois précieux, s'étaient animés sous les doigts légers de l'harmonie : alors même on connaissait plusieurs instrumens inconnus à notre musique; car où sont maintenant les lyres antiques, les hazurs du peuple hébreu, les sistres dorés de Memphis, les kinnors de Tyr, les nables de Sidon ? à peine leurs noms sont-ils venus jusqu'à nous, la mémoire même en a péri; mais il reste toujours vrai que leurs effets tenaient du prodige : preuve victorieuse que l'ancienne musique n'était point sans force et sans beauté, puisqu'elle n'était point sans pouvoir ; seconde prérogative de l'harmonie. Sa puissance marquée, seconde preuve de la noblesse de cet art.

Sans que je parle, Messieurs, déjà cette puissance est assez prouvée : tout l'empire de la nature est l'empire de l'harmonie ; tout ce qui respire, tout ce qui est né sensible, subit sa loi. S'il est quelqu'un qui l'ose contester, il est sans entrailles, il est né sans doute dans l'absence des grâces, et sous un astre sinistre, au sein des rochers impitoyables, et parmi les animaux farouches. Que dis-je ? les rochers mêmes et les plus farouches animaux sont sensibles à de touchans accords, et tiennent plus de l'humanité que ce cœur inflexible. A la voix de l'harmonie, cette reine aimable de l'air, les êtres les plus insensibles sont animés, les êtres les plus tristes sont égayés, les êtres les plus féroces sont attendris ; partout où elle passe, la nature s'embellit, le ciel se pare, les fleurs s'épanouissent : elle entre dans une solitude vaste, muette et désolée, bientôt par elle tout se réveille, l'affreux silence s'enfuit, tout vit, tout entend, tout prend une voix pour applaudir ; sommet des collines, ruisseaux, vallons, antres des bois, tout répond à l'envi ; l'air par ses doux frémissemens, l'onde par son murmure, les oiseaux par leur ramage, les feuillages même par leur agitation harmonieuse, les zéphyrs en prolongent le plaisir d'échos en échos, de rivages en rivages : Amphion touche la lyre, les montagnes s'animent, les pierres vivent, les marbres respirent, les rochers marchent, des tours s'élèvent, une ville vient d'éclore ; je vois Thèbes.

Sur quel nouveau spectacle mes yeux sont-ils transportés? ô crimes! d'avares nochers vont précipiter dans les eaux un favori de Polymnie: cruels! arrêtez! ah! du moins avant sa chute qu'il lui soit permis de prendre encore une fois la lyre. Il la touche; à ses accens Amphitrite se calme, les aquilons s'envolent, les monstres des mers s'élèvent au-dessus des flots tempérés, et se rassemblent autour du vaisseau barbare: Arion en est précipité; un dauphin le reçoit, le porte au sein des vertes ondes, et le rend aux rives lesbiennes. C'est peu: l'empire de la terre et celui du trident ne suffisent point à la puissante harmonie; elle va porter ses conquêtes hors du monde même, et sur des plages inconnues au dieu du jour. Eurydice n'est plus: tendre époux et toujours amant, le chantre de la Thrace ose quitter les régions de la lumière; à la lueur du flambeau de l'amour il perce les profonds déserts du chaos; vivant il descend chez les morts; sa lyre triomphante va lui frayer des chemins que ni l'or, ni les armes, ni la beauté n'ouvrirent jamais à des êtres animés: il marche intrépide; déjà il a pénétré aux brûlantes rives du Phlégéton, il passe; à sa suite la troupe ailée des Amours traverse l'onde noire : Orphée chante ; à ses tendres accords l'éternelle nuit perd son horreur, l'éternel silence a cessé, l'éternel sommeil est interrompu ; la mort retarde ses fureurs, un peuple d'ombres voltigeantes entoure le fils de Calliope ; les tourmens du Tartare sont suspendus ; Porphyrion, Sysiphe, Ixion, Tantale, éprouvent de plus doux momens ; Tisiphone est désarmée, la Parque oisive, Mégère attendrie ; le monarque des mânes lui-même, tyran jusqu'alors inexorable, s'étonne de se trouver sensible ; trois fois il résiste, trois fois il est fléchi.

Telles sont, Messieurs, les images parlantes et les éloquentes allégories sous lesquelles la première antiquité se plaît à nous peindre la puissance de l'harmonie dès les temps héroïques. Mais, pour marcher plus sûrement à la vérité, levons, si vous voulez, cette écorce des fables et ce voile de la fiction ; en voici la réalité. Par ces arbres animés, par ces rochers émus, par ces monstres attendris, nous comprendrons, et il est vrai, que les premiers humains, se sentant encore du chaos, encore errans, sans lois, sans mœurs, sans patrie, habitans enfin des antres sauvages, furent humanisés, attirés dans des murs, réunis sous des lois par les accords de quelques mortels déjà plus cultivés, qui, dans des chansons engageantes, leur vantaient la beauté de la raison, les avantages de la société, les charmes de l'ordre. Par ces tourmens infernaux soulagés et suspendus, nous comprendrons, et il est vrai, que souvent l'harmonie enchanta les maux et suspendit la douleur (*a*). De plusieurs preuves incontestables de cette vérité je ne veux que celle que nous offre cet insecte fameux et funeste aux champs de Tarente ; mais ta puissance salutaire, harmonie charmante, fut toujours plus marquée encore sur les douleurs profondes de l'esprit ; seule tu connais les chemins du cœur, seule tu sais endormir les chagrins importuns, assoupir les noirs soucis, éclaircir les nuages de la sombre mélancolie ; seule, par la rapidité de tes sons, tu viens rendre au sang, trop lent dans ses canaux, une circulation plus agile, une fluidité plus facile aux esprits engourdis, un jeu plus libre aux organes appesantis. Que je sois

(*a*) Athénée, l. 4, ch. 14.

plongé dans un morne silence et dans de léthargiques rêveries, où trouverai-je un charme à mes ennuis opiniâtres? Sera-ce dans la raison ; je l'appelle à mon secours ; elle vient, elle m'a parlé ; hélas ! je soupire encore : dans nos peines la raison elle-même est une peine nouvelle ; on cesserait de souffrir si l'on cessait de penser. Sera-ce dans l'enjouement des conversations amusantes ? hélas ! a-t-on la force de s'égayer avec autrui quand on est mal avec soi-même ? Sera-ce enfin dans vos pompeux écrits, philosophes altiers, stoïciens orgueilleux ? importuns consolateurs, fuyez ; en vain me prêcheriez-vous sous des termes fleuris une patience muette, une insensibilité superbe, une constance fastueuse ; vertus de spéculation, philosophie trop chimérique, vous ne faites qu'effleurer la superficie de l'ame sans la pénétrer, sans la guérir. Suis-je donc percé du trait mortel ? les chagrins sont-ils invincibles? non ; vole dans mon cœur, riante harmonie ; une voix touchante vient frapper mon oreille, déjà le plaisir passe dans mes sens, des images plus gracieuses brillent à mon esprit, je me retrouve moi-même, je suis consolé : ainsi, à la gloire de cet art, souvent mille raisonnemens étudiés du pointilleux Sénèque valent moins pour distraire nos peines qu'une symphonie gracieuse du sublime Lulli.

Veut-on encore une preuve plus persuasive du pouvoir de l'harmonie, une de ces preuves de sentiment qui portent avec elles la conviction? qu'on parcoure avec moi la nature, qu'on l'examine, qu'on l'interroge, non-seulement dans ces esprits exercés, dans ces caractères cultivés, à qui les soins de l'éducation, joints à une raison lumineuse, ont inspiré le goût des arts charmans; mais dans ceux même qui semblent être réduits au seul instinct, dans les enfans, dans les habitans des campagnes, dans les sauvages, dans les barbares, dans les animaux même; partout on reconnaîtra que tout ce qui vit a des liaisons naturelles, des convenances intimes, des rapports nécessaires avec la douce mélodie.

Interrogeons la nature dans les ombres de l'enfance : je vois un berceau, un faible enfant y pleure, une mère alarmée le menace, tonne, éclate; il redouble ses plaintes : elle chante, il est calmé; déjà il a interrompu ses cris pour entendre des sons plus mesurés ; il les imite même, il y répond par un murmure inarticulé : tel le jeune oiseau, sous l'aile de sa mère, apprend d'elle son ramage ; il étudie ses airs, il les répète ; et dès avant son premier essor il se prépare aux concerts des bois.

Interrogeons la nature dans l'ignorance des campagnes : je vois un peuple grossier, stupide, aveugle ; qu'on lui développe les richesses de la poésie, les grâces de l'éloquence, les charmes de la peinture, l'industrie de la navigation, les beautés de l'architecture : privé de goût et de lumières, il entend sans comprendre, il voit sans admirer, il reste insensible, il ignore ces plaisirs ; mais que, parmi ce même peuple, de beaux airs se fassent entendre, il se réveille, il devient attentif, il est ému ; le sentiment se déclare, je reconnais l'humanité. Aussi voit-on chaque jour les habitans des hameaux revenir du travail, et rentrer dans les bergeries au son des flageolets et des musettes dès que l'étoile du soir revient sur l'horizon ; aussi les voit-on, dans les jours de leurs fêtes, danser,

SUR L'HARMONIE.

et fouler l'émail des prés fleuris, au bruit des chansons et des chalumeaux légers.

Interrogeons la nature dans l'horreur des plus sauvages contrées, de ces îles séparées du reste du monde, de ces régions barbares dont les habitans sont aussi féroces que les lions et les ours leurs concitoyens : les dieux des autres arts n'eurent jamais de temples sous ces tristes climats ; la seule harmonie a su les rendre tributaires de ses attraits ; elle seule a su pénétrer ces cœurs inaccessibles aux autres grâces : il n'est point de rivage si désolé ni d'écho si barbare, qui n'aient répété des chansons. L'amour de l'harmonie perce à travers la plus épaisse barbarie, à travers les plages glacées de l'ourse, et les arènes de la zone brûlante. Les Hurons impitoyables, les cruels Macassars, les Caraïbes sanguinaires, les Cannibales inhumains, ont leur musique, leurs chants de paix, de guerre, de triomphe ; avant de commencer ces festins homicides dans lesquels ils dévorent les captifs que la victoire leur a soumis, pleins d'une farouche allégresse, ils forment des danses ensanglantées autour des victimes dont ils vont être les tombeaux : je dis plus, ils chantent eux-mêmes leur propre trépas. Du milieu des supplices, du sein des feux lents qui les entourent, ces héros barbares rappellent leurs anciens triomphes dans leurs chansons funèbres, et, consolés par ce doux souvenir, ils expirent dans le sein de l'harmonie, et lui consacrent leur dernier soupir.

Pour dernière preuve, sortons, si vous voulez, Messieurs, sortons de la nature raisonnable; interrogeons les animaux, interrogeons le peuple ailé des airs, le peuple muet des ondes, le peuple fugitif des forêts et des rochers; tous se montreront sensibles à l'harmonie. L'aurore ouvre les portes du jour, la nature s'éveille; déjà les oiseaux ranimés annoncent la lumière et saluent le soleil naissant par leurs concerts amoureux; rivaux pleins d'une vive émulation, ils se cherchent, ils s'attaquent, ils se répondent, ils se combattent; leurs chansons commencent avec le jour, et ne finissent qu'avec lui : je me trompe, elles ne finissent pas même; tu les prolonges d'un soleil à l'autre, solitaire Philomèle, sirène des bois; et quand la sombre nuit vient imposer silence à la nature, elle te laisse le droit de chanter encore, et de char-

SUR L'HARMONIE.

mer ta tendre mélancolie ; l'écho veille avec toi, avec lui tu t'entretiens de tes anciens malheurs ; tes airs, tes harmonieux soupirs, portés au loin, diminuent l'horreur du vaste silence : pour t'entendre exhaler ta peine, la sœur du soleil absent promène plus lentement dans les plaines de l'air son char argenté ; elle s'abaisse, elle semble se fixer sur ton bocage, et la déesse du matin te trouve encore dans la plainte et dans les veilles amoureuses.

C'est par ce goût du chant que souvent les oiseaux nous en ont disputé l'avantage et le prix ; jaloux d'une belle voix ou d'un instrument bien touché sous un ombrage, souvent le rossignol a défié nos plus doux accens, chantant tour-à-tour, et balançant la victoire ; lassé enfin plutôt que vaincu, honteux de survivre à son silence, souvent du sein des ormeaux il est tombé aux pieds de son vainqueur en soupirant, et plus d'une fois la guitare a été son tombeau. C'est ce même appât qui du fond des eaux a souvent attiré dans les filets les poissons moins craintifs ; c'est cet attrait qui, selon Pline, rend le cerf attentif aux doux accens de la flûte, le fougueux coursier sensible au bruit réglé du tambour, l'éléphant aux sons audacieux du clairon ; c'est lui, dit Ovide, qui, par la douceur du chalumeau, arrêta souvent le loup enchanté tandis qu'il poursuivait l'agneau tremblant.

Paraissez maintenant, censeurs rigoureux, graves Aristarques; osez demander encore où est la puissance et le mérite de l'harmonie ; toute la nature vous a répondu ; et n'ai-je point dans votre cœur un témoin secret contre vous-mêmes ? à chaque instant du jour la nature vous répétera par toutes ses voix que l'harmonie est un présent qu'elle a reçu des cieux pour charmer ses ennuis et pour faciliter ses travaux : ainsi tout chante dans sa peine. Que font dans leurs fatigues tant d'hommes que le besoin condamne à souffrir pour d'autres hommes, et dont les mains, la liberté, et les jours sont vendus à des maîtres ? que fait le laboureur matinal en traçant ses pénibles sillons, le diligent moissonneur au milieu des plaines brûlantes, l'industrieux vigneron sur les coteaux qu'il cultive ? que fait le berger toujours errant avec son troupeau ? que fait le forgeron laborieux parmi les flammes dont il est environné? que fait sur le rivage le pêcheur impatient? que fait dans sa prison flottante le rameur captif, le forçat infortuné? que font tant d'autres mortels dévoués à la solitude ou au malheur? ils chantent, et par le chant ils écartent le chagrin; ils semblent hâter le temps, ils abrègent les heures trop lentes : ainsi le solitaire ennuyé chante dans son désert, le voyageur dans l'horreur des bois, l'exilé dans sa retraite, le captif dans ses fers, le prisonnier dans ses ténèbres, l'esclave dans les mines et dans les carrières profondes : du centre de la terre où il est enseveli vivant, ses chants s'élèvent jusqu'à la région du jour. Par un penchant invariable, par un instinct commun, par un goût universellement consenti, tout annonce, tout atteste que l'harmonie est un plaisir nécessaire à la nature. Si nous examinons les autres plaisirs, ne leur trouverons-nous pas ou moins d'étendue, ou moins de pouvoir, une volupté moins pure, des sensations moins délicieuses? il est des plaisirs de caractère et d'opinion goûtés chez un peuple, inconnus aux autres ; l'harmonie réunit tous les goûts. Il est des plaisirs d'arts et de littérature accordés à peu d'hommes cultivés ; l'harmonie n'en excepte presque aucun de ses faveurs. Il est des plaisirs muets, inanimés, qui ne parlent qu'aux yeux sans rien dire au cœur, tels sont les spectacles que nous offre le pinceau ; l'harmonie ne manque point de sentiment. Il est des plaisirs languissans, émoussés, trop uniformes ou trop tôt épuisés ; est-il un plaisir plus brillant, plus diversifié, plus intarissable que celui de l'harmonie ? plaisir puisé dans la nature, plaisir enfin si nécessaire, et dont la privation doit être si sensible, que le Seigneur Dieu lui-même, prêt à punir Tyr criminelle, menace cette ville par la voix du prophète (a) de faire cesser dans ses murs le son des cithares et le plaisir des concerts ; témoignage sacré des charmes et de la puissance de l'harmonie. S'étonnera-t-on après cela qu'elle ait eu la vénération des peuples de tous les temps et de toutes les contrées ? Troisième preuve de sa noblesse.

Ne peut-on pas, Messieurs, dire d'une belle voix ce qu'on dit de la beauté même,

(a) Ézéchiel, 26, 13.

qu'elle est citoyenne de tous les pays, qu'elle est, comme la langue de l'amour, la même pour tous les peuples, et qu'elle porte partout les marques de l'empire ? En effet, comme la beauté, une voix brillante n'est nulle part étrangère, partout elle a ses droits victorieux ; reine des rois même, elle peut parcourir l'univers en souveraine; sous quelque ciel qu'elle se trouve, semblable à l'astre du jour, elle n'est jamais hors de son empire, et partout où il est des cœurs elle a des sujets et des autels : tel a été chez toutes les races l'éclatant avantage de l'harmonie. Les autres arts depuis leur naissance ont vu souvent leurs honneurs interrompus, soit par les fureurs de Mars, soit par les règnes contraires aux muses ; il a été des siècles de ténèbres, des temps léthargiques, des jours de décadence et de barbarie pendant lesquels le dieu du goût était exilé du monde, les lettres savantes anéanties, les muses muettes, les arts au tombeau sans adorateurs et sans Mécène, enfin toutes les sciences éclipsées ou voilées dans un coin de la terre; mais dans cette nuit commune jamais la musique ne perdit ses clartés, ses rayons percèrent toujours à travers les nuages de l'ignorance ; jamais ses temples ne furent déserts ni ses autels sans fleurs. Ecoutons les témoins qui nous en restent dans les monumens sacrés et profanes ; ils nous diront que tous les siècles, et surtout les siècles polis, ont été marqués par des houneurs constamment décernés à l'harmonie ; ils nous diront qu'elle a été recommandée par les plus sévères philosophes, cultivée par les plus grands héros, chérie dans les plus sages républiques, illustrée par les plus puissans monarques, la science favorite des conquérans et des rois : l'Égypte nous dira que le dernier de ses Ptolomées (*a*) s'honora du nom dû à l'harmonie, sur le modèle des magistrats de Thessalie (*b*). Si nous nous arrêtons un instant chez les Grecs, ils nous rappelleront que leur Olympe était peuplé de dieux amateurs de l'harmonie ; que le Parnasse, temple des concerts parfaits, était présidé par le souverain de la lyre ; que les plaisirs de leur Élysée étaient des concerts éternels ; que les tourmens de leur Tartare

(*a*) Ptolomée Aulette.
(*b*) Les proorchestres. Lucien.

n'étaient pas seulement un enchaînement de tortures, un océan de feux implacables, mais encore une discorde de voix, une horrible confusion de cris douloureux, une dissonance éternelle de gémissemens lugubres; ils nous apprendront que dans les beaux siècles d'Athènes il était honteux d'ignorer la musique; que les sages de l'aréopage étaient ses disciples; qu'elle était une des parties de la politesse attique; que Socrate lui-même, ce mortel estimé des dieux et loué par eux, apprit de nouveau dans sa vieillesse à toucher le luth; que quiconque vivait sans goût pour cet art était regardé comme un mortel stupide qui n'avait jamais sacrifié aux Grâces. Ainsi, dans un festin, Thémistocle ayant refusé de prendre la lyre à son tour, fit naître le préjugé d'une éducation négligée. De ces amas de témoignages il résulte, je l'avoue, une preuve lumineuse et satisfaisante; mais c'est peu : oublions tant d'éloges humains, faibles crayons de la dignité de l'harmonie; ne prenons que sur les autels les guirlandes dont nous la couronnons. Oui, Messieurs, c'est sous cet aspect sacré que j'aime surtout à envisager les honneurs distingués de cette science majestueuse ; j'aime à la voir singulièrement préférée à toutes les autres pour parler aux dieux, pour leur porter l'encens du monde, pour publier leurs grandeurs, pour désarmer leur colère. Jetons un regard sur toutes les religions de tous les temps : ici les temples d'Isis et d'Osiris retentissent du son des sistres de Canope, là, dès l'aube du jour, les mages de la Perse et les ignicoles prennent leurs harpes d'argent pour recevoir le soleil prêt à sortir du sein de l'onde, pour obtenir ses premiers regards, et pour adorer dans cet astre le feu éternel, le radieux Oromaze, dieu de leurs pères ; plus loin le noir brachmane remplit les bords du Gange des hymnes de l'aurore. Ici les rives grecques répètent chaque jour le nom de Jupiter Olympien ; là, les rives espériennes retentissent des danses guerrières et du chant des Saliens, tandis que les rivages germaniques et les échos de nos contrées répètent au loin le nom du sanguinaire Teutatès chanté par les druides. Ainsi l'ont pratiqué tous les peuples : ils chantaient dans leurs mystères, non seulement pour parler aux immortels sur des tons supérieurs au langage vulgaire, mais encore pour fixer l'attention du peuple assemblé, pour pacifier les sens, pour régler les esprits par la justesse des sons, pour échauffer les cœurs, pour les préparer à la présence des dieux. Que dis-je cependant? pourquoi m'arrêter si long-temps sur les honneurs de la musique idolâtre ? c'est à toi seule, ce n'est qu'à tes sacrés accords que je dois ma voix, harmonie sainte du peuple choisi ; toi qui portas si souvent aux pieds du Dieu d'Israël les hommages reconnaissans de son peuple; n'était-ce pas sous tes auspices que les Israélites s'avançaient au combat? précédés des enseignes triomphantes du Seigneur, les chantres consacrés marchaient à la tête des bataillons ; unissant leurs voix sublimes aux instrumens militaires, ils imploraient les secours du Dieu des armées. Et ne durent-ils pas même un triomphe à l'harmonie? Josué assiége Jéricho : ce n'est point à l'effort des armes que cette conquête est réservée : par l'ordre suprême du ciel les sept premiers sacrificateurs prennent des trompettes harmonieuses ; Jéricho va périr ; les trompettes sonnent sa ruine, ses tours chancellent ; le

Seigneur parle, les murs tombent, Jéricho a été pris.

Mais franchissons le vaste intervalle des temps, hâtons-nous d'arriver aux jours de David, époque la plus magnifique des honneurs de l'harmonie ; c'est par ce roi que nous la verrons introduite dans les tabernacles du Seigneur ; elle y entre suivie des filles de Sion, pour soutenir la majesté du lieu saint, pour augmenter la pompe des sacrifices, pour relever le spectacle de la religion. David lui-même précède, en dansant, l'arche auguste ; il règle ses pas légers sur les sons de sa harpe ravissante ; dans tous ses cantiques, monumens éternels de son amour, il demande que ses accords soient mille fois répétés sur la cithare, sur la cymbale, sur l'orgue, sur la trompette ; il réveille tous les échos du Jourdain ; il invite la nature entière à chanter son auteur, à ne faire de toutes ses voix qu'un concert de louanges, de gratitude et d'adorations unanimes : aussi les soins et les bienfaits de ce prince religieux avaient-ils rendu les Lévites les premiers musiciens de l'univers ; ainsi le publiait la renommée.

SUR L'HARMONIE.

C'est par là que, pendant les jours de la captivité, les peuples de l'Euphrate invitaient les tristes Hébreux à leur apprendre quelques-uns de leurs airs si vantés : mais Israël exilé ne peut chanter loin des champs de Solyme ; il ne peut que gémir, ses harpes en silence sont suspendues aux saules du rivage : tel l'oiseau captif néglige son chant, ou, si son gosier s'ouvre quelquefois, ce n'est qu'aux soupirs, sa voix est morte aux délectables accens. Enfin, Messieurs, parcourez toutes les pages de la loi antique, partout vous rencontrerez, ou des concerts de louanges, ou des cantiques de victoire, ou des chants de funérailles ; il semble qu'aucune voix mortelle n'est digne de l'oreille du Seigneur si elle n'est portée au trône de la toute-puissance sur les ailes de l'harmonie, au travers des nuages d'encens. Dans des sacrifices plus parfaits la loi nouvelle a conservé à la musique sa place dans les sanctuaires. Oui, dit l'oracle de l'Afrique, le pasteur et l'ornement d'Hippone : « Je ne puis trop approuver les
» chants dont retentissent nos temples ; par
» ces augustes accords je me sens vivement
» ému, pénétré de cette horreur sacrée

» qu'inspire la demeure de Dieu, frappé d'un
» respect profond, saisi d'une sainte ivresse;
» nouveau Paul, je suis dans les cieux,
» mon esprit est enlevé au-dessus de lui-
» même, il s'élance jusqu'au triple trône du
» Très-Haut, il se croit admis aux concerts
» éternels des intelligences suprêmes, et mon
» cœur embrasé va se perdre dans le sein de
» la Divinité. »

Dans cette uniformité de suffrages acquis à l'harmonie peut-il être une vénération plus marquée, plus suivie, plus incontestable ? Cette gloire de l'art a toujours rejailli sur ses artistes : souvent les favoris de l'harmonie furent illustrés par les couronnes, par les lauriers, par les pompes triomphantes, par les applaudissemens des théâtres, par des statues érigées, par des mausolées, par des inscriptions mémorables, par les honneurs même de l'apothéose, enfin par tous les monumens publics inventés chez les peuples divers pour immortaliser les talens. De là ils sont encore une nation chère et sacrée aux mortels; avantage souvent refusé aux nourrissons des autres sciences. On évite un sophiste, on néglige un géomètre, on fuit un critique, on siffle un chimiste, à peine remarque-t-on un grammairien ; on aime au contraire, on recherche un élève de l'harmonie ; il est le citoyen de toutes les contrées, l'homme de toutes les heures, l'égal de tous les hommes de goût et de sentiment ; le monde entier est sa patrie. De là vient encore que le souvenir des musiciens illustres des siècles supérieurs est beaucoup plus aimable et plus précieux à l'esprit et à l'humanité que le souvenir des conquérans les plus renommés, faux héros, tyrans réels : les conquérans étaient nés pour la perte du monde, les musiciens illustres pour son bonheur : les uns, avides de funérailles, ont porté les larmes, la discorde, la mort ; les autres, toujours bienfaisans, toujours applaudis, ont porté partout la paix, la concorde, le plaisir : la terre consternée s'est tue devant ceux-là, par ceux-ci la terre rassurée a retenti de sons pacifiques : les conquérans, couronnés de sanglans lauriers, sont sortis de la vie souvent par une fin précoce, toujours chargés de la haine des peuples indignés, perdus sans être pleurés ; les musiciens fameux, couronnés de myrte et de roses, et paisiblement expirés, ont emporté chez les morts les regrets des nations. Oui, le nom d'un tendre Orphée sera toujours plus chèrement gardé au temple de mémoire que le nom d'un fougueux Alexandre.

Telle est la noblesse de la musique, noblesse fondée sur l'antiquité de son origine, illustrée par sa puissance suprême, confirmée par la vénération de tous les temps et de tous les peuples. Mais aux preuves de sa dignité joignons celles de son utilité; louange pour cet art plus délicate encore que la première.

SECONDE PARTIE.

Quand la musique ne serait qu'un art enjoué, qu'une science riante et de pur agrément, par là même ne serait-elle pas une science utile, un art même nécessaire? car est-il rien de plus nécessaire à l'homme qu'un plaisir innocent? le plaisir n'est-il pas chaque jour un des besoins de l'humanité? Mais allons à la conviction par des routes moins détournées. La république doit à l'harmonie de plus solides bienfaits que des plaisirs infructueux. Je sais, Messieurs, que j'avance un para-

doxe, disons mieux, une vérité peu développée, mais à qui il n'a manqué que l'occasion d'éclore, osons donc l'amener à la lumière, lui donner ses couleurs, et la revêtir de toutes les preuves que la réflexion et l'expérience offrent de nous en fournir. Au reste, je ne hasarde point un sentiment isolé et sans auteurs, quand je soutiens que le mérite de la musique ne se borne point au gracieux, et qu'il s'étend jusqu'à l'utile ; je ne fais que me ranger au sentiment reçu chez la sage antiquité. En effet, si l'importance de cet art n'avait été dès-lors reconnue, les législateurs de l'Égypte, de la Perse, d'Athènes, les maîtres des nations auraient-ils fait une loi de l'harmonie ? s'ils n'avaient jugé sa durée nécessaire aux destins heureux des empires, l'auraient-ils fait marcher de front avec la religion ; l'auraient-ils munie de ce sceau consacré par la main de l'immortalité même ? Lycurgue, en voulant former une république de héros, aurait-il inscrit l'harmonie dans le livre austère des lois de Lacédémone ? aurait-on lu cette inscription sur la façade de l'école de Pythagore : « Loin d'ici, profanes !
» que personne ne porte ici ses pas s'il ignore

» l'harmonie; profanes, loin d'ici ! » Platon en aurait-il admis l'étude dans sa république de sages, ou d'autant de dieux ? Aristote, son disciple, et tant d'autres philosophes, héros du lycée, du portique, du prytanée, du capitole, en auraient-ils recommandé l'usage comme d'une science également née pour le bien des mœurs, pour les progrès des vertus, pour l'embellissement des arts, pour l'union des humains, pour la paix du monde? Voilà les maîtres dont j'apprends l'utilité de l'harmonie : si je m'égare sur les traces de ces guides illustres, il est plus beau d'errer par cette hardiesse généreuse à dévoiler des vérités nouvelles qu'offre un hasard heureux, que de ramper avec ces ames faibles, ces esprits trop sages, ou trop superstitieux, ces génies serviles qui n'osent sortir un instant du cercle des vérités établies, ni marcher dans des routes, s'ils n'y trouvent des vestiges. Mais non, Messieurs, ce n'est point par la date ancienne de ce sentiment, ni par les grands noms de ses premiers partisans que je dois vous persuader ; sans prétendre subjuguer votre raison ni forcer votre consentement, je veux que, convaincus par vos lumières, vous vous rendiez vous-mêmes à l'évidence.

Nous pouvons envisager la république sous deux rapports, et comme un état politique, et comme un état littéraire. Une science, pour mériter le nom d'utile, doit également contribuer au bonheur du premier et à l'embellissement du second; elle doit, pour le bonheur de la république politique, épurer, polir les mœurs, adoucir, rectifier les passions, unir, associer les esprits des citoyens; elle doit, pour la gloire de la république littéraire, enrichir, aider, embellir les arts savans : or peut-on contester à l'harmonie ce double titre ? utile aux mœurs, qu'elle purifie, utile à l'union des esprits, elle est conséquemment utile à la république politique; utile aux doctes arts qu'elle embellit, elle est utile conséquemment à la république littéraire.

Si le pouvoir des accords seul est si grand sur les cœurs, quelle puissance ne doivent point avoir sur les mœurs des préceptes embellis par ces mêmes accords, vivifiés par leur charme inexprimable? Car tel fut toujours, et tel doit être encore le but de la sublime harmonie. Dans ses vrais caractères elle est une science instructive, mais plus enjouée que les autres sciences ; elle est une philosophie aimable, mais plus précise, plus efficace, plus agissante que les autres philosophies ; elle est une morale vertueuse, mais moins glacée, moins aride, moins pesante que celle des Zénon et des Chrisippe, mieux apprêtée, plus mesurée à nos foiblesses, plus appropriée au goût de l'humanité : ainsi le pensaient les premiers sages, les rois philosophes, et les premiers législateurs des monarchies antiques ; ils avaient étudié l'homme, ils l'avaient vu dès-lors tel que nous le voyons encore aujourd'hui : l'esprit humain, né libre, et peut-être rebelle, ne souffre des maîtres qu'à regret ; impatient de tout joug, honteux d'avouer ses ténèbres, jaloux de son indépendance naturelle, surtout dans ses opinions, il ne se plie qu'avec peine aux préceptes d'autrui, il ne consent point volontiers qu'une autorité étrangère règne sur ses sentimens : dans quel dédale d'illusions et de prestiges ne va-t-il pas s'engager s'il marche *indéfendu*, si la raison, telle qu'Ariane, ne lui offre le fil secourable ? que d'écueils! que de précipices entr'ouverts autour de lui vont l'engloutir s'il est laissé à lui-même, s'il vogue sans pilote et sans boussole, sans phare et sans étoiles! il faut donc lui trouver un maître ingénieux, qui n'affecte point l'air de maître, qui n'en prenne jamais les noms altiers, qui, par des chemins détournés et couverts, vienne réformer ses idées sans révolter sa délicatesse ; qui sache l'intéresser, lui présenter le devoir sous l'air du plaisir, le mener au vrai par des sentiers fleuris, et le tromper enfin au profit de sa raison. Telles étaient les vues politiques, les ressorts délicats et les égards ingénieux des sages dont j'ai parlé ; or ce Protée habile, ce maître aimable des mœurs, ils crurent l'avoir trouvé dans l'art chéri dont je vous offre l'image. Dès-lors les prêtresses de l'harmonie chantèrent, sur le ton majestueux du mode dorique, le culte des dieux, les nobles sentimens, le respect des lois, l'amour de la patrie, le mépris de la mort, et l'immortalité; ainsi la leçon passa dans les ames à la faveur de l'agrément ; le plaisir de l'oreille devint le maître du cœur et de ses jeux ; l'esprit remporta la connaissance du vrai et l'empreinte des vertus.

Ton but serait-il donc changé, héroïque harmonie? Pourquoi ne pourrais-tu plus sur les mœurs ce que tu pouvais autrefois sur elles? Mais ce doute t'est injurieux, dans la licence même de nos jours tu gardes encore tes droits souverains, tu viens répandre encore tes clartés, tu sais instruire et toucher : ici tu célèbres les vertus tranquilles du citoyen ; là, les vertus éclatantes du héros ; ici tu chantes l'innocence couronnée ; là, le crime foudroyé ; ici tu viens réveiller l'oisive indolence des grands endormis sur les roses, jusque dans les bras de la molle volupté tu viens leur apprendre des vérités qu'il n'aiment point à lire ; l'amour de tes agrémens leur fait regagner ce que le dégoût de la lecture leur fait perdre d'instructions : ici tu attires l'impie dans les temples saints, oui, l'impie même! son oreille, fermée aux autres préceptes, peut encore s'ouvrir à tes sons pénétrans ; là, tantôt par tes foudroyans accords troublant les airs effrayés, tu frappes, tu intimides, tu consternes le profanateur, tu lui peins un Dieu vivant, terrible, inévitable, qui descend la flamme à la main, porté sur les ailes des tempêtes, précédé des tonnerres exterminateurs, et suivi par l'ange de la mort. Dans tes sons menaçans l'impie croit entendre la marche formidable de son juge, le bruit de son char de feu, la chute des torrens enflammés, l'horreur du noir abîme, l'arrêt irrévocable; tantôt, par des symphonies plus douces et plus consolantes, tu suspends son effroi, tu lui peins dans un nuage de fleurs le Dieu de la clémence prêt à pardonner, si l'impie sait gémir, et, la cendre sur la tête, éteindre dans ses larmes les feux de l'éternelle vengeance. En dis-je trop, Messieurs? n'avez-vous pas souvent éprouvé vous-mêmes les grands sentimens que l'harmonie sait produire dans les sanctuaires, et ce pouvoir qu'elle a sur les esprits et sur les mœurs?

Doutera-t-on qu'elle sache éclairer, ennoblir, élever l'esprit? Ignore-t-on que les élèves de Zoroastre commençaient la journée par un concert harmonieux? ils voulaient par là préparer l'ame à contempler la vérité, persuadés que par les mouvemens doux et mesurés de la musique, l'ame, retirée en elle-même, entrait dans cette égalité, dans ce silence des sens, et dans cet équilibre parfait que demandent les spéculations épurées, et qu'ainsi affranchie des obstacles de la matière et de la chaîne des passions, elle s'élançait sur des ailes plus rapides au temple du vrai, au commerce des intelligences éthérées, à la confidence des dieux : ces mêmes sages terminaient la journée au son des flûtes douces et des airs lydiens, pour ramener l'esprit égaré pendant le jour sur des objets étrangers, pour mieux l'apprêter aux faveurs du dieu des pavots, et pour rappeler le paisible silence et les songes riants.

Doutera-t-on que la musique sache calmer les passions violentes? Les annales de l'histoire et les fastes de la poésie nous montreront par elle la rage désarmée; la fureur fléchie, la sédition étouffée, la colère ralentie, l'audace réprimée, l'impétuosité d'Achille tempérée par la lyre; et les pages saintes nous peindront souvent le perfide Saül ramené des fougues infernales par les accords du jeune pasteur de Sion; attirée du ciel par l'harmonie, la paix descendait dans le cœur

SUR L'HARMONIE.

de ce prince jaloux. Est-il, Messieurs, est-il aucune autre science profane si maîtresse des mœurs? car enfin, levons le bandeau du préjugé et de l'éducation, prenons des yeux un peu philosophiques; éclairons-nous sur le vrai prix de ces sciences servilement adorées du peuple lettré; n'outrons rien, mais aussi osons ne rien taire, osons nous munir d'un sage pyrrhonisme; et, par une idolâtrie littéraire indigne du vrai goût, ne fléchissons point le genou devant ces vaines idoles, qui peut-être ne doivent avoir des autels que chez la prévention crédule et le superstitieux vulgaire. Répondez donc, vous, leurs adorateurs scrupuleux, rendez compte de votre culte, parlez; que sert aux mœurs la profane éloquence? Enchanteresse des sens, elle excite un bruit brillant dont l'oreille est flattée, mais que le vent emporte bientôt, et dont rien ne va jusqu'au cœur; semblable à ces feux légers, à ces flammes volantes et dociles que l'art industrieux décrit dans les airs, feux qui, dans un même instant, naissent, brillent et s'évanouissent : science spécieuse et trop stérile, qui donne à la république de plus opiniâtres parleurs, sans lui donner de meilleurs citoyens.

Que servent aux mœurs tous ces arts que nous devons à l'oisiveté des prêtres de l'Egypte, l'exacte géométrie, l'audacieuse astronomie, la profonde algèbre ? tandis que l'esprit s'ensevelit dans les calculs, ou s'égare dans les cieux, ou s'abîme dans les sombres méditations, qu'en revient-il aux vertus ? sciences trop indifférentes qui donnent tout à la spéculation, peu au sentiment, rien à l'homme.

Que sert aux mœurs l'étude de la grammaire et des langues, ou plutôt la science des syllabes ? tandis qu'elle plonge la mémoire dans un chaos de paroles, le cœur oisif reste dans un vide honteux : science superficielle et beaucoup trop puérile, qui nous apprend à nommer les vertus sans nous apprendre à les acquérir.

Que sert aux mœurs l'étude vantée de l'histoire ? que nous conserve-t-elle ? le dénombrement des erreurs de tous les temps, la liste des malheurs illustres, des crimes heureux, des passions travesties en vertus ; hon-

SUR L'HARMONIE.

reuses archives, tristes monumens de l'humaine folie! Là que trouvons-nous? les caprices des peuples, les fautes des rois, les révolutions, les décadences, l'empire antique de l'opinion et de l'intérêt, le règne du hasard, le long tableau de toutes les misères de nos aïeux, tableau funeste, scène déplorable, que le voile de l'éternel oubli devrait plutôt dérober à jamais aux regards de la postérité; science de l'histoire, science souvent désolante, qui présente plus de coupables exemples à fuir, que de vertueux modèles à suivre.

Enfin que sert aux mœurs ce petit talent de thèses et de sophismes qui se donne le nom de philosophie; chimères surannées, systèmes vagues, capricieuses fadaises, erreurs plus ou moins heureuses, guerre de raisonnement où la raison reste neutre, labyrinthe où la vérité s'égare sans se retrouver; voilà tout l'art: science futile et méprisée, ou plutôt ignorance travestie qui s'adore et s'encense elle-même, et perd à disputer le temps de penser et de sentir.

Telles sont pourtant, telles sont les sciences prétendues dont on occupe nos plus beaux jours. O perte irréparable, perte trop peu regrettée ! que d'heures charmantes immolées à l'ennui et à l'inutilité ! c'est acheter bien cher des erreurs. O trop courte jeunesse ! ô jours charmans ! que n'êtes-vous plutôt consacrés à la culture du cœur, à l'étude du vrai bien, à l'embellissement des mœurs, qu'aux minuties classiques, ou à d'autres arts, qui seraient inutiles, si l'on savait encore n'étudier que la simple nature, n'entendre que son langage, et n'estimer que ses lois. Oui, Messieurs, et je ne puis trahir ma franchise. Mais suivez sans écart le fil de ma pensée ; que l'éloquence judiciaire soit utile à l'explication des lois et aux divers intérêts des peuples, que les langues soient utiles aux voyages, que l'astronomie soit utile à la navigation, la géographie à l'art militaire, la géométrie aux fortifications, la science des nombres au commerce, la botanique au soulagement des maux ; que l'étude de l'histoire soit utile à notre curiosité, l'étude de la politique à l'art de gouverner, l'étude de la logique au talent prétendu de raisonner, j'en conviendrai avec vous : mais aussi vous conviendrez avec moi que l'utilité de ces sciences tombe rarement sur le fond des mœurs ; que ces sciences sont étrangères à l'homme, agréables peut-être à son esprit, mais inutiles à son cœur ; que l'harmonie seule jouit d'un pouvoir beaucoup plus personnel et plus marqué sur un cœur, qu'elle en sait manier tous les replis, qu'elle en sait faire jouer les ressorts les plus secrets, et que des sens charmés elle passe aux sentimens ; preuve invincible de ses avantages. Elle est donc utile en particulier aux mœurs de chaque citoyen. Ce n'est point tout ; elle est encore utile en général à la sécurité et au bonheur du corps entier de la république politique.

L'union des citoyens est la base des trônes, le sceau des monarchies, l'appui des diadèmes. Les plus fermes empires, avant d'être renversés par les guerres étrangères, avaient été d'abord ébranlés par les guerres intestines, par les troubles anarchiques, par les discordes civiles, aidés dans leur chute par ceux même qui doivent en être les soutiens et les boulevarts. Non, la patrie n'a point d'ennemis plus funestes que des citoyens divisés ; mais est-il une égide plus impénétrable aux traits de la dissension que la tranquille harmonie? l'olive à la main, la Paix la précède, l'Amitié la conduit, le Plaisir marche à ses côtés, la Concorde la suit, les cœurs conquis volent en foule autour d'elle. N'est-ce point elle qui unit les citoyens par d'aimables nœuds, qui les assortit, qui les égale, qui les range sous les lois d'une charmante société? chez elle tout est calme, tout est ami, tout agit d'intelligence; chez elle on n'entend ni la voix de la discorde, ni les rumeurs populaires, ni le tumulte importun de l'école, ni les hurlemens effrénés des bancs, ni les clameurs des tribunaux, mais seulement les agréables accords, les acclamations favorables, les doux applaudissemens. L'harmonie alluma-t-elle jamais ces feux funestes à l'État, ces incendies, ces guerres d'opinions, de prestiges, d'erreurs, ces dissensions sophistiques pour réaliser des chimères, ces schismes littéraires formés plutôt pour combattre la vérité que pour la défendre, ces querelles d'une secte armée contre l'autre sous différens drapeaux ; ces divisions, ces haines, monstres nés dans le sein des autres sciences? De leur sein il s'est élevé souvent

SUR L'HARMONIE.

des citoyens turbulens, inquiets, pernicieux, que la discorde, la révolte, le faux zèle, avaient nourris dans les ténèbres des solitudes, et qui n'ont paru dans l'univers que pour en troubler la paix. Mais l'histoire, ce témoin fidèle des temps, reproche-t-elle aucun de ces forfaits à la science pacifique que je vante ? Quel siècle, quelle contrée se plaignit jamais d'elle ? De quel sang fut-elle jamais teinte ? Ses élèves, loin d'être jamais des citoyens dangereux, n'eurent-ils point toujours ce caractère facile, sociable et poli, né pour les douces liaisons ? caractère si nécessaire à la tranquillité de la république, caractère que les sciences graves ne donnent point, qu'elles ôtent même souvent. Quelle étrange différence de mœurs entre le peuple savant et les amans de l'harmonie ! Pénétrons dans ces réduits ténébreux dont les ennuis gardent l'entrée, dans ces antres inaccessibles aux ris, où règnent, loin du jour et dans le silence, l'immobile et morne savoir ; là j'aperçois des hommes atrabilaires, hagards, intraitables, des fronts ridés, chargés d'épais nuages, couverts d'un deuil éternel, des misanthropes rêveurs, malheureux par choix, folles victimes des veilles cruelles, martyrs d'un système inutile au bonheur, vieillis dans un chaos de rêveries, brouillés pour toujours avec les Grâces; des écrivains glacés et pesans, faibles échos de l'antiquité, ensevelis dans un amas confus de notions vagues, mais privés du vrai goût, nécessairement incapables des délicatesses de l'esprit, des feux du génie, des finesses de l'art. Que je les tire de ces lugubres tanières pour les transporter un moment dans le commerce de la vie, et dans les devoirs du citoyen ; déconcertés, interdits, distraits, presque absens, ils tombent à chaque pas; à chaque instant, ils choquent les bienséances, ils manquent les égards, ils blessent les convenances; bientôt enfin, ennuyeux et ennuyés, incapables d'un doux commerce, ils fuient, ils retournent aux obscurs Lycophron et aux mélancoliques Saumaise; déjà ils sont rentrés dans la poussière grecque et latine, leur unique élément; semblables à ces oiseaux nocturnes et funèbres qui vivent ensevelis loin de la lumière et loin du commerce des autres oiseaux : voilà sans doute des citoyens bien utiles à la république, à la patrie, à leur siècle ! par leur utilité jugez de celle des sciences qu'ils adorent. Grand Dieu, quelle société unirait l'univers, si tous les hommes étaient des savans ! une vie pareille n'est-elle point une espèce de néant ? Mais fuyons ces voûtes ténébreuses sous lesquelles nous nous sommes trop long-temps arrêtés ; entrons maintenant sous ces portiques gracieux, sous ces berceaux de verdure, où par de charmantes voix l'harmonie nous appelle ; ici tout enchante les regards ; je n'y vois que des fronts ouverts à l'allégresse, que des yeux riants et sincères, que des esprits cultivés, ornés, enrichis des plus brillantes idées de la poésie et de la fable ; que de vrais citoyens, aimables et aimés, officieux et reconnaissans, unis et heureux ; là règnent dans les doux loisirs de la sympathie, l'amitié, les amours ; là le premier mérite est d'être aimable, la première science est d'être heureux, et les talens ne sont rien s'ils ne vont au plaisir, à l'union, au bonheur.

Prévenons une objection que la critique me prépare sans doute. « La musique, dira-t-on, n'est qu'une science molle, un art efféminé, propre seulement à énerver les

» cœurs, à en amortir le beau feu, à éteindre
» les courages ». Eh quoi! si telle était la
faiblesse de cet art, Mars, le dieu des grands
cœurs, aurait-il de tout temps placé sur son
char l'harmonie à côté de la victoire? n'aurait-il point retranché dès long-temps les symphonies militaires des combats, ces sons semblables au tonnerre, ce bruit de la trompette
et du clairon, ces airs du fifre et du hautbois, ces tons du tambour et des timbales
éclatantes, s'il n'avait toujours reconnu dans
l'antiquité guerrière, et chez toutes les nations magnanimes, que ce concert martial
est l'ame de la guerre; que ce mélange de
sons mâles et vigoureux, que forme l'airain
mugissant, élève les esprits, qu'il échauffe
les cœurs, qu'il enhardit les lâches, qu'il enflamme les braves, qu'il dérobe le bruit formidable de ces machines terribles qui vomissent la foudre et la mort ; qu'il cache les
sifflemens des javelots, les clameurs confuses,
les plaintes des mourans; qu'il empêche la
consternation et les terreurs; que de la déroute il rappelle à la charge; qu'enfin ces
fanfares guerrières allument une chaleur héroïque dans tous les rangs; qu'elles égaient

SUR L'HARMONIE.

le théâtre de la fureur, qu'elles embellissent la mort même? Les Spartiates en ordre de bataille, le front ceint de fleurs, la lance levée, marchaient au combat comme à une fête au son de l'hymne de Castor; un chœur de flûtes, conduit par Tyrtée, réglait la marche de cette armée de héros, l'élite de la Grèce; selon les lois de la patrie chaque guerrier était obligé de suivre les accords des flûtes, de les marquer d'un pied ferme, et de faire répondre à chaque mesure chacun de ses pas intrépides : par là les chefs des phalanges pouvaient aisément reconnaître s'il était parmi leurs soldats quelque lâche qu'il fallût retrancher des rangs, s'il était quelque cœur timide à qui l'épouvante fît manquer la cadence, et qui ne s'avançât point à la mort d'un pas égal; de ce même secours naissait une valeur réglée; plus efficace qu'une folle fureur. Maintenant qu'on dise encore que l'harmonie énerve les courages, qu'elle n'est d'aucune utilité; tandis que Mars avoue que sans elle il compterait moins de héros, la société moins d'esprits aimables, la république politique moins d'utiles et de vrais citoyens. Achevons ce portrait, et voyons rapidement en quoi la musique est utile à la république littéraire : elle en sut toujours enrichir, aider, embellir les arts.

Je traverse la nuit obscure des âges, je remonte à l'origine des plus beaux arts littéraires ; je les vois comme autant de ruisseaux différens prendre leur source dans la féconde harmonie. Dans l'ordre des temps la poésie la première s'offre à mes regards ; les vers naquirent du chant : d'abord la voix forma des sons, la réflexion y joignit ensuite des paroles arrangées, et mesura des vers aux modulations naturelles du gosier ; nulle poésie pour lors sans musique ; et si depuis la poésie marche souvent seule, elle porte cependant toujours un air ineffaçable de proximité, des convenances marquées, des traits parlans qui la font reconnaître pour la fille de l'harmonie. N'a-t-elle point gardé toujours des symboles et des attributs qui lui sont communs avec la déesse des accords ? trompette de Virgile et du Tasse, lyre d'Horace et de Malherbe, luth d'Anacréon et de Chapelle, pipeaux de Théocrite et de Ségrais ; pourquoi la poésie transporterait-elle tous ces noms divers d'instrumens aux divers génies de son art, si elle n'aimait à ressembler toujours à l'harmonie, dont elle est émanée, sûre de mieux plaire par cette gracieuse ressemblance ? de là ses rimes sonores, ses tons lyriques, ses repos réglés, tout ce langage harmonieux qui caractérise les beaux vers, qui échauffe l'ode héroïque, qui élève la majestueuse épopée, qui anime la riante églogue, qui nous intéresse aux soupirs de la tendre élégie, qui sait enfin passionnuer, émouvoir, enchanter.

Je t'entends, noble Melpomène : remplie de gratitude pour l'harmonie, tu te plais à nous raconter comment tu lui dois aussi l'origine et les progrès de ton art chéri : des chansons consacrées au dieu de l'automne tu vis éclore la tragédie ; quand ensuite des fêtes tumultueuses des campagnes et des chariots de Thespis tu la vis passer au sein des villes, et devenir un spectacle sérieux et régulier, ne vis-tu pas aussi monter la musique avec elle sur les théâtres de la Grèce, et par les chœurs chantans partager avec la tragédie grecque l'empire des spectacles et les suffrages de l'Attique ? Si l'ancienne tragédie romaine mérite quelqu'un de nos regards, (car les Romains, ces maîtres du monde, ne le furent jamais de la scène), ne la verrons-nous pas aussi décorée et soutenue par l'harmonie ? Nous en avons plus d'un témoignage chez le prince de l'éloquence latine (a).

Outre l'art pompeux du cothurne embelli par l'harmonie, que n'ai-je le temps de vous détailler tout ce que l'art de la riante Thalie dut autrefois au secours des flûtes tyriennes, sans l'accompagnement desquelles le célèbre Roscius ne joua jamais ? Si je me fixais sur des preuves spécieuses, ne pourrais-je pas dire avec Quintilien (b), que l'art de l'éloquence parfaite n'est donné à aucun orateur s'il ignore la musique ; que sans elle il ne peut connaître ni employer ce nombre, cette gracieuse *euphonie*, mère de la persuasion, ce mélange de sons diserts et nerveux, ces chutes harmonieuses, ces silences ménagés, ces reprises énergiques, ces suspensions étudiées, ces gestes pleins d'expression, cette décence de mouvemens, ces tours pathéti-

(a) Cic. in Orat. ad M. B. Tuscul. lib. 1, Leg. l. 2.
(b) Lib. 2, c. 9.

SUR L'HARMONIE.

ques et pénétrans, qui éveillent l'esprit de l'auditeur, qui fixent l'attention, qui enlèvent le consentement et le suffrage, enfin ce talent de l'insinuation, ce tout ensemble qui fait les Démosthène et les Patru.

Mais, tandis que je parle, quel subit enchantement transporte mon génie, et plonge mes sens dans une délicieuse ivresse? Je marche sur les rives de la Seine; est-ce le palais des fées ou le temple de Vénus qui s'ouvre à mes yeux? une puissance magique a décoré cette scène pompeuse; mais quel nouveau plaisir interrompt déjà celui de mes yeux, et tient mon oreille captive? quelle symphonie ravissante vient de commencer? que de mains savantes et légères prennent un essor unanime? à ces brillantes consonnances je reconnais le temple de l'harmonie. Ici rassemblés, les génies de tous les arts s'empressent à parer leur aimable souveraine; à ses ordres tout se produit à l'instant : ruisseaux et torrens, déserts et bergeries, hameaux et palais, trônes et tombeaux, les cieux et l'enfer; à la voix de la déesse tout se rend ici, les vents obéissent, les Euménides paraissent, les ombres sont évoquées, tous les génies, tous les dieux, sont ses ministres.

Cependant quels douloureux accens viennent pénétrer mon ame? ô douleur! ô tendresse! Là c'est la généreuse Alceste prête à descendre au noir rivage; c'est Alcyone, plus éplorée, elle redemande son cher Céyx aux ondes cruelles ; ici c'est le triste Atys, coupable malgré lui, il pleure l'infortunée Sangaride; c'est Armide abandonnée, elle appelle un héros fugitif, encore aimé quoique infidèle ; ce sont les illustres malheureux de tous les âges qui repassent les funèbres bords pour demander nos larmes. Ils chantent, je sens leurs peines; ils soupirent, je suis attendri : raison critique, vraisemblance sévère, en vain vous soulevez-vous contre mon plaisir, en vain me prouvez-vous qu'il n'est point dans la nature que les héros métamorphosés en Amphions, et que les héroïnes transformées en Sirènes, viennent chanter leurs infortunes, chanter leur mort même, languir, tomber, expirer, en chantant. J'en conviendrai ; mais si mon plaisir est sûr, malgré les règles violées ; si mes sens en sont plus délicieusement flattés ; si ce qui manque à la justesse est remplacé par le sentiment, je n'entends plus la voix de la froide réflexion. L'esprit dit ce qui devrait plaire, le cœur décide toujours mieux en sentant ce qui plaît.

Après tout, si nous étudions la nature, ne trouverons-nous pas même sur la scène chantante plus de fidélité aux convenances que sur les théâtres tragiques, où l'on prête aux héros pour langage une poésie déclamée? L'harmonie ne sut-elle pas toujours, beaucoup mieux que la simple déclamation, imiter les vrais sons de la plainte, les vrais tons des passions, les profonds soupirs, les sanglots, les éclats douloureux, les tendres langueurs, les gémissemens entrecoupés, les inflexions pathétiques, toute l'énergie du cœur? des plaintes chantées sont plus sûres de nos larmes, et les tendres sentimens rendus par l'harmonie en sont plus tendres de moitié. C'est encore dans ce temple que cette déesse puissante, rivale de la nature, sait exprimer, personnifier, articuler tout, et même sans le secours des paroles : non, ni le pinceau des Apelles, ni le ciseau de Phidias, ni le burin des Alcimédon, ni l'aiguille de Minerve elle-même, ne donneraient jamais à leurs imitations cette ame, cette expression, cette vie que la musique sait donner à ce qu'elle veut caractériser. Dans ses symphonies je trouve toute la nature, je la sens dans l'impression subite des sons, impression plus prompte que les regards, plus rapide que la pensée. Tantôt c'est le tumulte d'un combat qu'elle veut imiter; je crois entendre le rugissement de l'airain, le choc du sanglant acier, la grêle des flèches, les lamentables cris, la tonnante voix de la mort, qui vole de rang en rang : tantôt c'est une noire tempête, c'est un triste naufrage; j'en reconnais l'horreur et le courroux; j'entends les vagues bondissantes, l'air gronde, la foudre éclate, le jour se change en sombre nuit, les vents sifflent, la mer mugit au loin, la terre, tremblante, lui répond : ici quelle ombre sort du tombeau ? l'Averne est ouvert; à travers les lueurs de la profonde nuit je crois entendre les lugubres regrets des ombres plaintives, le bruit des chaînes vengeresses, le cours des noirs torrens : là ce sont les antres du dieu du feu; j'entends l'enclume gémissante sous les coups des Cyclopes enflammés: ici le sommeil verse ses pavots, un héros est endormi; à l'aide des accords je lis dans ses pensées, je devine ses songes affreux ou rians, furieux ou tranquilles.

Ainsi, brillante harmonie, par ton magique pouvoir je trouve des rapports marqués, de vives ressemblances, de la vérité dans tout ce que tu veux imiter de la nature; je crois présent tout ce que tu peins; tes silences même ont leur expression et leur éloquence. En vain la peinture t'opposerait ses productions; elle nous trace un combat, un naufrage, un spectacle douloureux; les yeux admirent, le cœur ignore le plaisir des yeux. Pour toi, à ton gré tu verses successivement dans les ames l'effroi ou la douce assurance, la haine ou l'amour, l'horreur ou la compassion, la consternation ou l'allégresse, et toujours la tendresse et la volupté.

Mais je vois Terpsichore, ta fille chérie, s'avancer à ta suite d'un pas léger, dirigé par tes sons; ses jeux allégoriques sont une poésie muette, ses attitudes une peinture vivante et mobile, une image fidèle des sentimens et des passions; rivale de l'histoire même, elle raconte aux yeux les faits héroïques (*a*), elle exprime aux regards le génie des nations ; tous les caractères sont peints dans ses pas : ici, dans ses pas précipités, inégaux, égarés, je reconnais la colère, l'indignation, le désespoir ; là, dans ses mouvemens interrompus et négligés, je vois la mollesse, la volupté, la langueur : ici, dans la finesse de ses balancemens, dans la justesse de son équilibre, dans le choc de ses pas brillans, je distingue l'enjouement des grâces et la légèreté des plaisirs ; là, dans un dédale de sauts agiles et retentissans, je reconnais l'allégresse rustique et les danses de l'automne. Enfin la danse elle-même, qui, au premier coup-d'œil, ne paraît qu'un plaisir, cache aussi d'utiles leçons : aussi autrefois les sages citoyens de Sparte, pour inspirer aux enfans l'horreur de l'intempérance, faisaient danser à leurs yeux des esclaves enivrés.

Non, le printemps n'a pas plus de fleurs que l'harmonie a de façons de charmer et d'instruire. Mais cédez, muses étrangères ; jamais ni les échos d'Albion, ni les antres d'Hercinie, ni les rives de l'Ebre et du Tage,

---

(*a*) Les ballets.

SUR L'HARMONIE.

ne répétèrent des accords si parfaits que ceux dont nos contrées retentissent depuis dix lustres : si l'Ausonie nous offre une rivale; sans la proscrire tristement, sans la préférer follement, fuyant tout extrême, enrichissons-nous de ses beautés. Que l'harmonie du Tibre et de l'Éridan enchante la Seine; qu'elle joigne ses symphonies charmantes à notre chant; et si pour le sublime de l'art nous écoutons quelquefois ses leçons, que pour le gracieux de la belle nature elle consulte souvent l'harmonie de nos bords : celle-ci, toujours simple, toujours vraie, ne trouve point la beauté où règne l'affectation, ni la tendresse où règne l'art; le cœur est son guide : tantôt, bergère naïve, sur un lit de violettes, au son de flûtes champêtres (*a*), elle célèbre ou l'amante d'Endimion, ou les charmes de Galatée, ou les malheurs de Syrinx; tantôt, amazone légère, armée du carquois, elle perce la profondeur des forêts, et traînant les rois même à sa suite, au son bruyant du cor, elle chante l'art de Céphale, et les filets que l'amour tend aux belles parmi ceux que Diane tend aux

(*a*) Les pastorales.

hôtes des bois. Ici, sous l'habit galant d'Érigone, un thyrse à la main, le front couronné de pampres, accompagnée du dieu des vendanges, portée par les Zéphyrs, suivie de Silène et des Faunes amoureux, elle vient embellir les fêtes de l'automne ; de là, muse paisible, elle revient au sein des villes pour y faire avec Comus le plaisir des hivers : elle y chante tour à tour les malheurs d'Adonis (*a*), d'Orphée, d'Actéon ; les regrets d'Amymone, d'Héro, d'Ariane ; les fureurs de Circé : souvent même, Néréide badine, elle assemble sa cour sur les eaux, elle y chante le berceau de Vénus et des Grâces naissantes ; elle retient dans ses voiles flottantes les aquilons enchantés ; elle sait égayer les lenteurs d'une ennuyeuse navigation.

Vous prévenez, Messieurs, ce qui me reste à dire : déjà sans doute vous songez à ces chansons fines, élégantes, et fleuries, l'ornement le plus décidé de notre poésie ; à ces airs ingénieux, dictés par les grâces, notés par les Lambert et les Mouret, images délicates, dans lesquelles se peint mieux d'ailleurs

(*a*) Les cantates.

la supériorité du goût français, et ce génie vif, ami du badinage gracieux, ennemi de tout ce qui porte l'air du travail : c'est ici que l'harmonie fait paraître avec le plus d'avantage la légèreté et les agrémens d'une voix brillante ; soit qu'elle lui donne à chanter les triomphes des héros de Bacchus, ou leur mausolée, soit qu'elle lui fasse exprimer et imiter dans ses tons variés les changemens du dieu d'Idalie, qui, tantôt zéphyr badin, se cache dans les fleurs, tantôt moucheron léger, voltige autour de la tonne, ou se met à la nage sur une liqueur vermeille, tantôt papillon folâtre, à peine arrivé où le printemps l'appelle, s'envole et ne revient pas ; soit qu'elle lui apprenne à exprimer ou les soupirs d'une tourterelle solitaire et peu consolée, ou le bourdonnement enchanteur d'une jeune abeille, ou les erreurs d'un zéphyr volage, ou les regrets d'une rose abandonnée et flétrie de douleur, ou la marche bruyante d'un torrent impétueux, qui bondit, écume, et n'est déjà plus, où la chute et les cascades d'un ruisseau naissant, et le murmure agréablement sourd de son onde errante, ou la molle langueur d'un doux sommeil ; soit enfin qu'après avoir fait nager la voix sur le sein des vastes mers, ou l'avoir fait descendre au centre des profonds enfers, l'harmonie la transporte sur l'aile des aigles rapides, au-dessus du tonnerre, des tourbillons, des feux étincelans, des plaines liquides, des vents déchaînés, et du jour changé en nuit.

Voix charmante, voix toujours chère à mon cœur, toujours présente à mes pensées, que ne puis-je t'entendre toujours! Que j'aime tes langueurs, tes chutes, tes éclats! quelle muse pourrait dignement louer tes sons ravissans, toujours agréablement mélangés, leur symétrie, leur alliance, leurs divorces, leur économie? tu verses la volupté dans mon ame. Non, qu'on ne pense point avoir assez dit pour te vanter, en comparant tes accords à ceux de Philomèle; toujours uniforme, le rossignol n'a que les mêmes sons inarticulés, sons sans expression, sans ame, sans vie; il sait plaire, il ne peut toucher ni passionner, incapable de ces inflexions pénétrantes et de cette variété d'accords que tu sais conduire avec tant d'art; toujours différente de toi-même et toujours belle, chacun de tes sons est un sentiment. Oui, c'est du gosier harmonieux d'une belle, plutôt que de la bouche de l'éloquence, que la peinture doit faire sortir ces chaînes dorées qui captivent les sens. La voix achève sur les cœurs ce que la beauté a commencé sur eux, et par ses grâces elle tient souvent lieu de la beauté.

La chanson même (qui le croirait?) la chanson a été et sera toujours encore un art utile à la république littéraire; c'est elle qui, alliant ses accords aux traits fins du dieu de la satire, purge l'empire des lettres de tous les intrus qui s'y glissent sans aveu; c'est elle qui venge le dieu du goût; c'est elle qui flétrit, frappe, terrasse les génies débiles et manqués, les versificateurs sans poésie, les prosateurs gothiques, les vils copistes, les ignobles plagiaires, toute cette populace rampante d'imitateurs stériles, d'échos fatigans, d'insectes classiques, d'écrivains subalternes, et d'ennuyeux compilateurs, l'opprobre et le rebut de la belle littérature.

A tant de titres, Messieurs, la musique n'aurait-elle point le droit de paraître au rang des arts utiles et des sciences avantageuses à la république? est-il quelqu'un qui lui refuse encore son suffrage! Non; je vois son triomphe marqué sur vos fronts unanimes, et je lis la conviction écrite dans tous les yeux. Pour ne rien taire cependant, pour ne rien farder, j'en ferai l'aveu ; je sais que la dépravation a souvent abusé de cette science, qu'elle l'a profanée, avilie, dégradée aux dépens de la vertu, au profit de la séduction, à la honte des mœurs ; je sais qu'on lui a souvent fait renouveler les fêtes obscènes de Sybaris et de Caprée, et les naufrages causés jadis dans les mers thyrréniennes par la voix perfide des filles d'Achéloüs, mais un tel abus n'est-il point pour cet art un malheur plutôt qu'un crime ? Héroïque dans son origine, vertueuse dans son but, la musique sera-t-elle condamnée, parce que la licence la transporte quelquefois à des usages suborneurs et pervers ? tous nos arts ne seraient-ils point proscrits, si l'on proscrivait tout ce dont on abuse ? Souvent on viole les lois de la jurisprudence, faut-il donc pour toujours fermer les temples de Thémis ? souvent les mers sont couvertes de naufrages, faut-il livrer aux flammes tous les vaisseaux que renferment nos ports ? souvent l'ivresse produit des fureurs, des querelles, des meurtres, faut-il dépouiller nos coteaux des vignes qui les couronnent ? Réformons l'abus, sans retrancher l'usage ; ramenons l'harmonie à la pureté de sa source, aux beautés de son printemps, à sa splendeur première. Proscrire la musique, ce serait enlever un lien charmant à la république politique, un ornement à la république littéraire; les cœurs y perdraient un sentiment délicieux ; toute la nature un plaisir.

Qu'elle règne donc toujours cette aimable et noble harmonie, mais que son empire ne s'élève jamais sur les débris des mœurs : affranchie de la mollesse ionienne, et, Minerve et Vénus à la fois, qu'elle n'aime jamais qu'une beauté mâle, que des traits altiers, que des grâces fières ; souveraine des cœurs, qu'elle ne les ouvre qu'aux généreux sentimens ; maîtresse des ames et des sens, qu'elle les élève toujours au-dessus des lâches faiblesses ; reine des passions, qu'elle ne les réveille qu'au profit de la vertu ; qu'elle soit à jamais l'interprète du grand, du beau, du vrai, la compagne du goût, l'ame de la société, les délices du monde.

LETTRE

SUR LA COMÉDIE.

A M. ***.

Les sentimens, Monsieur, dont vous m'honorez depuis plus de vingt ans, vous ont donné des droits inviolables sur tous les miens; je vous en dois compte, et je viens vous le rendre sur un genre d'ouvrage auquel j'ai cru devoir renoncer pour toujours. Indépendamment du desir de vous soumettre ma conduite et de mériter votre approbation, votre appui m'est nécessaire dans le parti indispensable que j'ai pris, et je viens le réclamer avec toute la confiance que votre amitié pour moi m'a toujours inspirée. Les titres, les erreurs, les songes du monde n'ont jamais ébranlé les principes de religion que je vous connais depuis si long-temps; ainsi le langage de cette lettre ne vous sera point étranger, et je compte qu'approuvant ma résolution, vous voudrez bien m'appuyer dans ce qui me reste à faire pour l'établir et pour la manifester.

Je suis accoutumé, Monsieur, à penser tout haut devant vous ; je vous avouerai donc que depuis plusieurs années j'avais beaucoup à souffrir intérieurement d'avoir travaillé pour le théâtre, étant convaincu, comme je l'ai toujours été, des vérités lumineuses de notre religion, la seule divine, la seule incontestable : il s'élevait souvent des nuages dans mon ame sur un art si peu conforme à l'esprit du christianisme ; et je me faisais sans le vouloir des reproches infructueux, que j'évitais de démêler et d'approfondir : toujours combattu et toujours faible, je différais de me juger, par la crainte de me rendre et par le desir de me faire grâce. Quelle force pouvaient avoir des réflexions involontaires, contre l'empire de l'imagination et l'enivrement de la fausse gloire ? Encouragé par l'indulgence dont le public a honoré *Sidney* et *le Méchant*, ébloui par les sollicitations les plus puissantes, séduit par mes amis, dupe d'autrui et de moi-même, rappelé en même temps par cette voix intérieure, toujours sévère et toujours juste, je souffrais, et je n'en travaillais pas moins dans le même genre. Il n'est guère de situation plus pénible (quand on pense), que de voir sa conduite en contradiction avec ses principes, et de se trouver faux à soi-même, et mal avec soi : je cherchais à étouffer cette voix des remords, à laquelle on n'impose point silence, où je croyais y répondre par de mauvaises autorités que je me donnais pour bonnes ; au défaut de solides raisons, j'appelais à mon secours tous les grands et frêles raisonnemens des apologistes du théâtre ; je tirais même des moyens personnels d'apologie de mon attention à ne rien écrire qui ne pût être soumis à toutes les lois des mœurs : mais tous ces secours ne pouvaient rien pour ma tranquillité ; les noms sacrés et vénérables dont on a abusé pour justifier la composition des ouvrages dramatiques et le danger des spectacles, les textes prétendus favorables, les anecdotes fabriquées, les sophismes des autres et les miens, tout cela n'était que du bruit, et un bruit bien faible contre ce sentiment impérieux qui réclamait dans mon cœur. Au milieu de ces contrariétés et de ces doutes de mauvaise foi, poursuivi par l'évidence, j'aurais dû reconnaître dès-lors, comme je le reconnais aujourd'hui, qu'on a toujours tort avec sa conscience quand on est réduit à disputer avec elle. Dieu a daigné éclairer entièrement mes ténèbres, et dissiper à mes yeux tous les enchantemens de l'art et du génie. Guidé par la foi, ce flambeau éternel devant qui toutes les lueurs du temps disparaissent, devant qui s'évanouissent toutes les rêveries sublimes et profondes de nos faibles esprits forts, ainsi que toute l'importance et la gloriole du bel-esprit, je vois sans nuage et sans enthousiasme que les lois sacrées de l'Évangile et les maximes de la morale profonde, le sanctuaire et le théâtre sont des objets absolument inalliables; tous les suffrages de l'opinion, de la bienséance, et de la vertu purement humaine fussent-ils réunis en faveur de l'art dramatique, il n'a jamais obtenu, il n'obtiendra jamais l'approbation de l'Église: ce motif sans réponse m'a décidé invariablement. J'ai eu l'honneur de communiquer ma résolution à monseigneur l'évêque d'Amiens, et d'en consigner l'engagement irrévocable dans ses mains sacrées ; c'est à l'autorité de ses leçons et à l'éloquence de ses vertus que je dois la fin de mon égarement ; je lui devais l'hommage de mon retour, et c'est pour consacrer la solidité de cette espèce d'abjuration que je l'ai faite sous les yeux de ce grand prélat si respecté et si chéri ; son témoignage saint s'élèverait contre moi si j'avais la faiblesse et l'infidélité de rentrer dans la carrière. Il ne me reste qu'un regret en la quittant; ce n'est point sur la privation des applaudissemens publics, je ne les aurais peut-être pas obtenus ; et quand même je pourrais être assuré de les obtenir au plus haut degré, tout ce fracas populaire n'ébranlerait point ma résolution; la voix solitaire du devoir doit parler plus haut pour un chrétien que toutes les voix de la renommée : l'unique regret qui me reste, c'est de ne pouvoir point assez effacer le scandale que j'ai pu donner à la religion par ce genre d'ouvrages, et de n'être point à portée de réparer le mal que j'ai pu causer sans le vouloir. Le moyen le plus apparent de réparation, autant qu'elle est possible, dépend de votre agrément pour la publicité de cette lettre : j'espère que vous voudrez bien permettre qu'elle se répande, et que les regrets sincères que j'expose ici à l'amitié aillent porter mon apologie partout où elle est nécessaire. Mes faibles talens n'ont point rendu mon nom assez considérable pour faire un grand exemple ; mais tout fidèle quel qu'il soit, quand ses égaremens ont eu quelque notoriété, doit en publier le désaveu, et laisser un monument de son repentir. Les gens du bon air, les demi-raisonneurs, les pitoyables incrédules peuvent à leur aise se moquer de ma démarche ; je serai trop dédommagé de leur petite censure et de leurs froides plaisanteries, si les gens sensés et vertueux, si les écrivains dignes de servir la religion, si les ames honnêtes et pieuses que j'ai pu scandaliser, voient mon humble désaveu avec cette satisfaction pure que fait naître la vérité dès qu'elle se montre.

Je profite de cette occasion pour rétracter aussi solennellement tout ce que j'ai pu écrire d'un ton peu réfléchi dans les bagatelles rimées dont on a multiplié les éditions sans que j'aie jamais été dans la confidence d'aucune. Tel est le malheur attaché à la poésie, cet art si dangereux, dont l'histoire est beaucoup plus la liste des fautes célèbres et des regrets tardifs, que celle des succès sans honte et de la gloire sans remords; tel est l'écueil presque inévitable, surtout dans les délires de la jeunesse : on se laisse entraîner à établir des principes qu'on n'a point ; un vers brillant décide d'une maxime hardie, scandaleuse, extravagante ; l'idée est téméraire, le trait est impie, n'importe, le vers est heureux, sonore, éblouissant, on ne peut le sacrifier, on ne veut que briller, on parle contre ce qu'on croit, et la vanité des mots l'emporte sur la vérité des choses. L'impression ayant donné quelque existence à de faibles productions auxquelles j'attache fort peu de valeur, je me crois obligé d'en publier une édition très-corrigée, où je ne conserverai rien qui ne puisse être soumis à la lumière de la religion et à la sévérité de ses regards : la même balance me réglera dans d'autres ouvrages qui n'ont point encore vu le jour. Pour mes nouvelles comédies (dont deux ont été lues, Monsieur, par vous seul), ne me les demandez plus: le sacrifice en est fait, et c'était sacrifier bien peu de chose.

Quand on a quelques écrits à se reprocher il faut s'exécuter sans réserve dès que le remords les condamne; il serait trop incertain de compter que ces écrits seront brûlés au flambeau qui doit éclairer notre agonie.

J'ai cru, pour l'utilité des mœurs, pouvoir sauver de cette proscription les principes et les images d'une pièce que je finissais, et je les donnerai sous une autre forme que celle du genre dramatique : cette comédie avait pour objet la peinture et la critique d'un caractère plus à la mode que le *Méchant* même, et qui, sorti de ses bornes, devient tous les jours de plus en plus un ridicule et un vice national.

Si la prétention de ce caractère, si répandue aujourd'hui, si maussade, comme l'est toute prétention, et si gauche dans ceux qui l'ont malgré la nature et sans succès, n'était qu'un de ces ridicules qui ne sont que de la fatuité sans danger, ou de la sottise sans conséquence, je ne m'y serais plus arrêté, l'objet du portrait ne vaudrait pas les frais des crayons; mais outre sa comique absurdité, cette prétention est de plus si contraire aux règles établies, à l'honnêteté publique, et au respect dû à la raison, que je me suis cru obligé d'en conserver les traits et la censure, par l'intérêt que tout citoyen qui pense doit prendre aux droits de la vertu et de la vérité : j'ai tout lieu d'espérer que ce sujet, s'il doit être de quelque utilité, y parviendra bien plus sûrement sous cette forme nouvelle que s'il n'eût paru que sur la scène, cette prétendue école des mœurs, où l'amour-propre ne vient reconnaître que les torts d'autrui, et où les vérités morales le plus lumineusement présentées n'ont que le stérile mérite d'étonner un instant le désœuvrement et la frivolité, sans arriver jamais à corriger les vices, et sans parvenir à réprimer la manie des faux airs dans tous les genres, et les ridicules de tous les rangs.

Je laisse de si minces objets, pour finir par des considérations d'un ordre bien supérieur à toutes les brillantes illusions de nos arts agréables, de nos talens inutiles, et du génie dont nous nous flattons.

Si quelqu'un de ceux qui veulent bien s'intéresser à moi est tenté de condamner le parti que j'ai pris de ne plus paraître dans cette carrière, qu'avant de me désapprouver il accorde un regard aux principes qui m'ont déterminé, après avoir apprécié dans sa raison ce phosphore qu'on nomme l'esprit, ce rien qu'on appelle la renommée, ce moment qu'on nomme la vie, qu'il interroge la religion, qui doit lui parler comme à moi, qu'il contemple fixement la mort, qu'il regarde au-delà, et qu'il me juge. Cette image de notre fin, la lumière, la leçon de notre existence, et de notre première philosophie, devrait bien abaisser l'extravagante indépendance et l'audace impie de ces superbes et petits dissertateurs qui s'efforcent vainement d'élever leurs délires systématiques au-dessus des preuves lumineuses de la révélation. Le temps vole, la nuit s'avance, le rêve va finir, pourquoi perdre à douter avec une absurde présomption cet instant qui nous est laissé pour croire, et pour adorer avec une soumission fondée sur les plus fermes principes de la saine raison? Comment immoler nos jours à des ouvrages rarement applaudis, souvent dangereux, toujours inutiles? Pourquoi nous borner à des spéculations indifférentes sur les majestueux phénomènes de la nature! Au moment où j'écris, un corps céleste, nouveau à nos regards, est descendu sur l'horizon ; mais ce spectacle, également frappant pour les esprits éclairés et pour le vulgaire, amuse seulement la frivole curiosité quand il doit élever nos réflexions ; encore quelques jours, et cette comète que notre siècle voit pour la première fois va s'éteindre pour nous, et se replonger dans l'immensité des cieux pour ne reparaître jamais aux yeux de presque tous ceux qui la contemplent aujourd'hui. Quelle destinée éternelle nous aura été assignée lorsque cet astre étincelant et rapide, arrivé au terme d'une nouvelle révolution, après une marche de plus de quinze lustres, reparaîtra sur cet hémisphère ? les témoins de son retour marcheront sur nos cendres.

Je vous demanderais grâce, Monsieur, sur quelques traits de cette lettre qui paraissent sortir des limites du ton épistolaire, si je ne savais par une longue expérience que la vérité a toute seule par elle-même le droit de vous intéresser indépendamment de la façon dont on l'exprime, et si d'ailleurs, dans un semblable sujet, dont la dignité et l'énergie entraînent l'ame et commandent l'expression, on pouvait être arrêté un instant par de froides attentions aux règles du style, et aux chétives prétentions de l'esprit.

Je suis, avec tous les sentimens d'un profond respect et d'un attachement inviolable,

Monsieur,

Votre très-humble et très-obéissant serviteur,

Gresset.

A Amiens, le 14 mai 1759.

LETTRE DE GRESSET

A M. *****.

A Amiens, le 10 septembre 1774.

Vous avez été plus sensible que moi, Monsieur, à l'impression peu correcte de ma réponse au dernier discours de réception à l'Académie française, impression dont mon départ de Paris ne m'avait point permis de revoir les épreuves. Aux premiers exemplaires qui m'en furent envoyés à Compiègne, je me consolai des fautes dont on m'avait gratifié, par l'espérance que ces fautes seraient corrigées par ceux qui voudraient bien me lire; il ne me resta que deux véritables peines; la première sur le contre-sens de la page 27, dans ces mots, *comme de toute l'Europe ;* mon manuscrit portait : *connu de toute l'Europe ;* la seconde, plus grave, était l'énorme absurdité de la page 37, *déguerpissement*, au lieu de *dépérissement*. J'aurais déjà pris ma revanche du défectueux exemplaire qui vous a été envoyé, et vous auriez eu bien plutôt ma véritable copie, si au moment même de mon retour ici, il y a trois semaines, je n'avais été attaqué d'une maladie dangereuse, dont je ne suis quitte que depuis peu de jours. Outre les corrections que j'ai crues nécessaires, j'ai augmenté la copie ci-jointe de plusieurs détails, que les bornes du temps prescrit m'avaient fait retrancher le jour de la séance publique.

Vous me demandez la petite aventure de cette séance : on vous a écrit, dites-vous, que le style que j'avais employé avait fait naître quelques murmures dans le cours de ma réponse. Tout ce que je sais, c'est que l'effet du premier moment fut assez singulier; apparemment que les faiseurs et faiseuses d'esprit, qui environnaient l'Académie et surchargeaient l'assemblée, attendaient de moi leur petit jargon, des grandes maximes, de longues belles phrases, vieilles sans doute, mais refaites à neuf, avec toutes les bombes du ton exalté, ou du moins avec tous les petits bouquets d'artifice; et tous les lampions du style moderne dont ils raffolent.

Sans doute ils furent fort étonnés, et se crurent compromis de ne point s'entendre parler leur langue ; il fut assez amusant, même pour moi, de les voir se chercher des yeux, s'interroger de loin d'un air agité, et prendre l'*ordre* dans les regards les uns des autres, pour décider si ce que je disais devait être trouvé bien ou mal, ou peu de chose ou rien. Malgré leur fermentation très-sensible, et qui, tout en prononçant, me faisait beaucoup plus spectacle que distraction, j'allais tranquillement mon chemin à travers les partis-bleus; et, soutenu par l'attention et l'indulgence des gens raisonnables, qui ne font point d'esprit, mais qui en ont de tout fait, je forçai les autres au malheur de m'écouter jusqu'à la fin. En deux mots voici l'histoire toute simple de ma réponse. Je ne m'étais point du tout arrangé ni redressé pour une harangue authentique et sèche; je n'avais pas prétendu assurément parler pour parler, ni rajeunir des inutilités harmonieuses, ni régenter notre siècle, comme cela se pratique aujourd'hui, tant pour l'instruction publique que pour l'ennui général. Vous le savez, Monsieur, le rôle du directeur de l'Académie française est fort court en pareil cas; et quand il a honnêtement accueilli le récipiendaire au nom de la compagnie, ce qui demande tout au plus vingt lignes à qui veut éviter les fadeurs, s'il veut ensuite éviter aussi tout remplissage fastidieux, il ne lui reste, après sa tâche remplie, qu'à se taire subitement et à clore la séance, à moins que quelque objet intéressant, neuf, propre au temps, propre au lieu, ne l'arrête quelques instans, et ne soit digne de l'Académie et de l'assemblée qui l'écoute. En conséquence de ce principe, étant persuadé que la place que j'avais l'honneur d'occuper dans le sanctuaire de la langue française, me donnait quelque droit de réclamer contre un ridicule néologisme de nos jours, et contre de modernes abus qui tendent à altérer la langue, abus trop peu relevés jusqu'à ce moment, je crus devoir les dénoncer au jugement public, non du ton des harangues, qui n'allait point du tout là, mais du ton simple de la conversation des honnêtes gens, et des gens de goût. N'ayant point d'autre objet que d'offrir des réflexions justes sur un fonds vrai, je n'avais certainement pas eu la moindre prétention d'y faire trouver le mot pour rire; cependant les connaisseurs à gauche ont crié partout que j'avais eu ce projet, qu'il était fort indécent d'avoir déridé quelquefois l'assistance, et qu'enfin ce n'était point là le ton d'un discours académique. A la bonne heure; mais, 1° je n'avais jamais eu l'idée de faire ce qu'ils appellent un *discours*, entendu à leur façon, et portant leur uniforme; 2° quant au genre *académique*, si dans une assemblée publique de l'Académie française, parler pour la défense de la langue de la nation, n'est point remplir une fonction bien littéralement académique, les raisonneurs ont raison ; enfin, pour leur donner tout gain de cause sur le ton naturel et simple que j'ai ridiculement préféré, si la forme sentencieuse de ces discours qui glacent, si l'emphase capable, qui empâte d'un égal ennui le riche parleur et le pauvre auditoire, si l'importance qui endort, sont réellement bonnes à quelque chose pour l'esprit, l'amusement, et la santé des bonnes gens qui écoutent, je passe toute condamnation. Au reste il n'est pas fort étonnant qu'un triste provincial, un sauvage de Picardie, enseveli depuis près de quinze années dans ses bois, n'en sache pas davantage sur Paris et sur la couleur actuelle du temps: il ne fallait pas le tirer de ses choux si l'on ne voulait pas lui laisser son *franc-parler*. Quoi qu'il en soit, il faut savoir se résigner au sort commun : on se tromperait beaucoup en attachant quelque importance et en croyant quelque durée à ces feuilles fugitives, pesantes ou légères, si prônées d'avance, si fêtées en naissant par les parens de l'ouvrage, et immortelles pour un moment.

Eh! qu'importe qu'on daigne lire
Ou qu'on laisse là de côté
Cet écrit brut, non brillanté,
Où, pour tout mérite, respire
Cette agreste naïveté
D'un bon ermite en liberté,
Dans la franchise qui l'inspire
N'estimant que la vérité,
Et ne parlant que pour la dire ?
Quand tout est rempli, tourmenté
De l'incurable ardeur d'écrire,
De l'épidémique délire
D'une mince célébrité :
Dans cette belle quantité
D'essais, de prospectus, d'épreuves,
De rêves de toute beauté,
D'esprit à toute extrémité,
Et de nouveautés presque neuves ;
Dans ces jours de création,
Où tant d'incroyables brochures
Offrent des plans de tout jargon,
Des projets de toutes figures;
Et l'ennui par souscription ;
Dans ce bruyant torrent qui roule,
Qu'importe que le tourbillon
Enveloppe, entraîne un chiffon
De plus ou de moins dans la foule ?
D'ailleurs pardon, si du moment
Négligeant assez librement

Et le costume et la nuance,
Au lieu d'écrire sobrement
Du ton doctoral et charmant
De la moderne suffisance,
J'ai fait parler tout bonnement,
Ensemble et sans air d'importance
La raison et l'amusement.
Je sais que l'actuel usage,
N'est pas de penser bien gaiement,
Grace au sophistique ramage,
Qui, nous enchantant tristement,
Substitue agréablement
L'esprit frondeur, sec et sauvage,
Au national agrément,
Et les ronces du persiflage
Aux guirlandes de l'enjouement.
L'aigre et vague raisonnement,
Haranguant, ennuyant notre âge,
L'endort sententieusement,
Au rouet de son verbiage.
On nous mande dans nos hameaux
Les progrès lugubrement beaux
De cette étrangère manie,
Qui, déployant de noirs réseaux,
Et des cyprès, et des pavots,
Sur les roses de la patrie,
Remplit nos écrits, nos propos,
Et nos modes enchanteresses,
D'urnes, de lampes, de tombeaux,

Et de semblables gentillesses.
Malgré ce nuage et ce goût
De productions vaporeuses,
Qui pour un temps font prendre à tous
La couleur noire et les pleureuses,
Nous autres bons provinciaux,
Qui ne savons qu'être sincères,
Et qui ne nous conduisons guères
Par la fureur d'être nouveaux.
Français comme l'étaient nos pères
Dans les jours calmes et prospères
De la docile loyauté,
D'aucun ton factice, emprunté,
Nous n'éprouvons la fantaisie,
Et nous prenons la liberté
De penser avec bonhomie
Qu'il vaut bien mieux pour la santé
Suivre dans sa route fleurie
La bonne gauloise gaieté,
Sans fraudes, sans anglomanie,
Sans affiche de gravité,
Que de se rembrunir la vie,
Et de risquer la léthargie,
Les vapeurs, et la surdité,
Parmi cette monotonie
De petite sublimité,
Trop ennuyeuse, en vérité,
Pour une mode, une folie.
Heureusement ce ton rhéteur,

Toute cette triste livrée
De pédanterie et d'humeur,
Touche au terme de sa durée.
L'époque d'un nouveau bonheur,
Ouvrant de la route éthérée
Le cours radieux et serein
De l'allégresse desirée,
Répand la fraîcheur du matin.
Sur la France régénérée,
Et du plus paisible destin
Nous trace l'augure certain
Dans la bienséance assurée
D'un jeune et brillant souverain,
D'une jeune reine adorée.
Sur tous leurs pas jonchés de fleurs
La Gaieté française et les Graces,
Vont, par leurs rayons enchanteurs,
De tous les soucis destructeurs
Effacer jusqu'aux moindres traces.
Les penseurs noirs, les raisonneurs,
Les gens à phrases, les frondeurs,
Et tous les ennuyeux célèbres,
Rentrent dans leur destin obscur;
Ainsi que les oiseaux funèbres,
Dès que s'ouvre un ciel frais et pur
Rayonnant de pourpre et d'azur,
Se replongent dans leurs ténèbres.

RÉPONSE DE GRESSET,

DIRECTEUR DE L'ACADÉMIE FRANÇAISE,

Au discours de réception de M. Suard, le 4 août 1774.

Monsieur,

Nous devons à vos travaux des fruits de la littérature étrangère ; l'Académie française, en vous adoptant, acquitte une dette de la littérature nationale. Vos premiers titres, consignés dans le *Journal étranger* et dans les *Variétés littéraires*, se sont étendus par la traduction de l'*Histoire anglaise de Charles-Quint*, traduction pleine d'ame, de force, d'élégance, et vantée par l'auteur même de l'ouvrage ; hommage assez rarement rendu par l'amour-propre paternel.

Je m'arrêterais avec justice sur la manière heureuse dont vous avez fait parler la langue française aux écrivains des autres nations, sur les ouvrages que nous avons droit d'attendre de vous, sur ces qualités si précieuses dans le commerce de la vie, sur ce caractère sociable, le premier talent, le premier esprit pour le bonheur personnel, ainsi que pour celui des autres ; caractère partout si desirable, et surtout dans la carrière des lettres, où l'on en donne inutilement des préceptes, si l'on n'y joint l'exemple, la première des leçons ; caractère que vous avez si bien prouvé par l'union de vos travaux avec ceux de l'amitié : enfin, instruit par l'unanime témoignage de ceux qui vous connaissent, je pourrais, Monsieur, vous parler plus long-temps de vous-même, si je n'étais persuadé que les louanges en face sont presque toujours aussi embarrassantes pour celui qui les reçoit que pour celui qui les donne, et communément assez fastidieuses pour ceux qui les entendent.

L'éloge des morts est donc le seul que l'on pardonne ! mais s'il faut, pour fonder la louange de ceux qui ne sont plus, des événemens bien avoués, des traits bien connus, des opérations personnelles et dont on n'ait partagé la gloire avec personne, on ne peut qu'imparfaitement crayonner le mort illustre à qui l'Académie française rend ici les derniers honneurs. L'utilité de ses talens dans la carrière importante qu'il a parcourue peut bien être indiquée ; mais les nuages impénétrables qui dérobent l'entrée, les routes, et le terme de cette carrière ayant dû toujours couvrir toutes les marches, tous les services d'un homme consacré pendant toute sa vie aux secrets augustes de son maître et des autres souverains, ses talens politiques, ses travaux particuliers, ses succès personnels, tout reste sous le voile : quarante années de services ne laissent presque aucun point où l'on puisse le voir seul, le suivre, le célébrer. Dans tous les empires ce n'est tout au plus que dans les momens des traités, des alliances heureuses, de ces grandes époques, que la renommée ose quelquefois, bien ou mal à propos, mêler le nom des coopérateurs qui ont secondé par leurs veilles le ministre brillant dont le génie a été l'ame de ces grands événemens. Un partage bien différent règle le sort du mérite véritable dans toutes les autres carrières de la célébrité où quelques hommes rares s'élancent et planent au-dessus de la multitude ; hommes de guerre supérieurs, magistrats éminens, écrivains créateurs, négocians distingués, tous ces différens génies exposés à tous les regards, sont successivement appréciés par la vérité, et mis à leur rang par la voix publique; la lumière les environne, leurs preuves les accompagnent, chaque jour les juge et les couronne : il n'est que l'homme utile, attaché dans le second rang au ministère chargé du secret des puissances, il n'est que lui qui n'ait pas le droit de laisser parler ses services, ses titres à la reconnaissance publique quand il la mérite; la gloire, muette pour lui tandis qu'il respire, l'attend au tombeau, le nomme alors sans rien dévoiler de ce qu'il a fait; et son éloge, ainsi que celui de ses pareils, pour être rempli avec justesse, ne pourrait être bien fait que par des ministres, et bien jugé que par des souverains.

Réduits au silence sur ces objets, car les éloges doivent porter sur des faits, ou ne sont que des mots, plaçons du moins dans nos souvenirs de M. de la Ville, évêque de Tricomie, plaçons un fait qui appartient uniquement à sa gloire, un fait qui ne doit pas être oublié sur la tombe d'un prince de l'Eglise : plusieurs cures dépendaient de l'abbaye qu'il avait en Picardie depuis bien des années; sachant combien l'instruction et les mœurs des peuples tiennent essentiellement au choix que l'on fait des pasteurs du second ordre, éloigné de la province, ne pouvant connaître par lui-même les sujets dignes d'être placés à la tête de ses paroisses; craignant avec raison que tant de petits protecteurs ennuyeux, qui écrivent sans fin, recommandent au hasard, et trompent sans scrupule, ne vinssent souvent lui arracher des grâces injustes dont sa conscience aurait répondu ; toujours inspiré par son respect et son zèle pour la religion, il avait depuis long-temps remis les droits de toutes ses nominations au prélat d'immortelle mémoire qu'Amiens vient de perdre, l'ornement, le saint, l'ange de son siècle, et dont le nom, chéri de toute la France, connu de toute l'Europe, dont le nom seul, que ma douleur m'empêche de prononcer, rappelle le modèle le plus parfait que l'humanité ait peut-être jamais offert de toutes les vertus de l'homme céleste et de toutes les grâces de l'homme aimable (*a*).

Vous nous rendrez, Monsieur, l'esprit facile et toujours laborieux de votre prédécesseur; vos talens partageront les travaux de cette compagnie pour la conservation de la langue française.

Une dissertation savante, couronnée par 'académie royale de Prusse, a montré l'influence des opinions sur le langage, et du langage sur les opinions. Le célèbre Michaëlis établit ce système lumineux avec autant de profondeur que d'élévation : il interroge les langues des temps antiques, du moyen âge, et de notre siècle ; il dévoile les monumens, il confronte les nations, il compare les époques, il démontre, autant qu'il est possible aux connaissances de l'homme savant et à la sagacité de l'homme qui pense, l'origine, la filiation des divers langages, l'action des idées sur les termes, l'action réciproque de l'expression sur la pensée.

(*a*) M. Louis-François-Gabriel d'Orléans de la Motte, évêque d'Amiens, mort dans son palais épiscopal le 10 juin 1774, dans sa quatre-vingt-douzième année.

Mais au-delà de cet ouvrage, dont l'immense étendue suffit bien au desir de connaître la marche du langage, il reste à faire un travail utile à la raison, nécessaire au goût, nécessaire même à la vertu publique : dans cette carrière de réflexions sur les langues il reste une route nouvelle à parcourir ; en exposant comment la langue suit les mœurs dans leurs révolutions, en montrant combien les mœurs d'un temps ont d'empire sur le langage, combien leur amollissement, leur décadence, leur dépravation énervent, dégradent et corrompent le style également dans les écrits et dans les conversations, on servirait sans doute le bon sens, l'honneur, la langue, et la patrie.

Cet objet, Messieurs, pourrait être bien longuement traité, surtout dans une époque où l'on délaie en plusieurs volumes une foule de sujets, qui, pour être neufs partout demanderaient à peine quelques pages ; on pourrait en faire de grands discours pompeusement petits, des essais volumineux, des projets d'éducation, des traités *élémentaires* surtout ; car les *élémens* en tout genre sont fort à la mode, et partout on remet cet univers à la lisière : par du remplissage et des phrases sur cet objet si intéressant, j'ennuierais aussi bien et peut-être mieux qu'un autre ; mais les bornes du temps qui m'est prescrit ne me permettant point de donner les développemens nécessaires à cet objet, je ne puis vous demander, Messieurs, qu'une première vue, un coup-d'œil rapide sur l'esquisse légère que je vais crayonner de l'empire des mœurs sur le langage. Sans doute ce pouvoir impérieux, si agissant pour le bien et pour le mal, n'est que trop démontré dans le second genre, tant par les pertes réelles que par les nuisibles acquisitions que notre langue a faites de nos jours. Ce double regret à exprimer appartient naturellement à la place que j'ai l'honneur d'occuper aujourd'hui ; et l'Académie française, chargée depuis cent quarante années par le gouvernement de veiller sur la langue, a les premiers droits de réclamer contre les atteintes qui lui sont portées, et contre la révolution que celle des mœurs pourrait lui faire subir.

Sans être les censeurs du temps qui court, rôle qui communément révolte les spectateurs intéressés, ou du moins les ennuie, sans amuser beaucoup celui qui s'en charge, nous ne pouvons nous dissimuler que l'affaiblissement des mœurs anciennes, des mœurs généreuses et franches, nous a successivement enlevé, non-seulement un très-grand nombre de termes énergiques, lumineux, nécessaires même, et remplacés par de faibles équivalens, mais un très-grand nombre aussi de tournures naturelles, naïves, simples comme la vérité, et fortes comme elle. Dans ces temps de vertu et de bonheur, où, selon l'expression de Montaigne, la vérité avait *sa franche allure*, dans ces jours où l'on osait avoir un cœur et ne pas rougir de le prouver, on prononçait toute idée comme elle venait d'être conçue, on rendait tout sentiment comme il venait d'être éprouvé; la nature ne risquait rien à paraître, et l'on n'avait point encore inventé les sublimes vernis de tous les genres, ni les gazes perfides qui enveloppent la fausseté.

Que de causes des pertes de la langue et de nos privations! Ces mœurs affaiblies, dégénérées, ce despotisme des colifichets, qui s'étend jusque sur les esprits, ces principes du moment, ces petites idées de fantaisie qui tentent de rabaisser les idées primitives, invariables; cette fausse délicatesse qui ne veut rien que de mode, cette élégance épidémique, plus fausse encore, qui, croyant tout embellir en gâtant tout, ne peut plus aujourd'hui, ni par la pensée ni par le sentiment, avoir rien de commun avec la nature, avec la *simplesse*, la *loyauté*, les autres expressions vénérables, et tout le style mâle, libre et franc de ces siècles de vertu.

Ce serait peu, si l'on veut, que ce dépérissement de plusieurs biens antiques de la langue française, de la langue de Montaigne, d'Amyot et de Sully; cette perte pourrait même se réparer, suivant l'idée d'Horace, sur la renaissance des mots, si les écrivains distingués qui nous restent tentaient, par un sage emploi et par des hardiesses heureuses, de ramener les termes anciens que nous avons à regretter; le goût et le génie leur rendraient la fraîcheur, et leur vieillesse même, en rentrant dans le monde, serait cajolée par le bon air et la mode Mais une perte plus frappante est celle qu'éprouve dans cette époque même la langue actuelle, cette langue que Fénélon, Racine, Despréaux, et nos autres maîtres, nous avaient transmise si noble, si brillante et si pure. Ce n'est point seulement aux écarts de l'esprit et aux travers du mauvais goût qu'il faut imputer un second genre de pertes et de décadence ; mais (à la honte des mœurs et de la plupart de nos conversations) l'abus que fait du langage la dépravation qui nous gagne retranche de jour en jour à la langue française beaucoup de mots et de façons de s'exprimer, dont on ne peut plus se servir impunément ; les gens sensés, les gens vertueux, seront bientôt réduits à ne pouvoir plus employer des termes du plus grand usage sans se voir arrêtés, interrompus, tournés en dérision par l'abus misérable des mots, les pitoyables équivoques, si bêtement ingénieuses, les stupides allusions de ces demi-plaisans, de ces bouffons épais qui entendent grossièrement finesse à tout, et dont les plates gentillesses et la triste gaieté s'épanouissent dans la fange. Ainsi donc, bientôt les étrangers qui étudient notre langue dans les auteurs immortels du dernier siècle, et dans les écrivains célèbres de notre âge, rencontrant dans leurs conversations un usage des termes différens de celui qui leur était indiqué par les livres, seront obligés de se faire interpréter les nouvelles significations, de se faire traduire à chaque pas ce qu'ils écoutent, ce que l'on a prétendu dire sous une expression qu'ils croyaient toute simple, et dont pourtant ils voient tout le monde rire : la nécessité d'un commentaire, pour être au ton du jour, leur demandera une étude nouvelle, qui, sur la route, les fera souvent rougir pour nous; et, en apprenant la belle fécondité des termes et leur double signification, ils ne verront que les progrès du mauvais goût et l'empreinte du vice.

Il s'en faut bien, Messieurs, que ces pertes réelles de la langue soient compensées par ses modernes acquisitions. De quelles tristes richesses, inconnues il y a peu d'années, et de quelle ridicule bigarrure de noms, ne se trouve-t-elle pas surchargée ?

Quel étrange idiôme lui est associé par les délires du luxe, et par les variations des fantaisies dans les meubles, les habits, les coiffures, les ragoûts, les voitures ! Quelle foule de termes nouveaux-nés depuis l'*ottomane* jusqu'à la *chiffonnière*, depuis le *frac* et la *chenille* jusqu'au *caraco*, depuis les *baigneu-*

ses jusqu'aux *iphigénies*, depuis le *cabriolet* et la *désobligeante* jusqu'au *solo* et à la *dormeuse*.

Il ne faut pourtant point être tout-à-fait si difficile : la plupart de ces nouveaux noms, et de leurs pareils, n'étant que bizarres et plus ou moins plaisans, comme il est des temps où le ridicule est un aliment de première nécessité, on doit se résigner à entendre tous ces noms, aussi essentiels à joindre au dictionnaire que les objets qu'ils énoncent sont essentiels à la félicité publique, objets aussi nécessaires que les coiffures modernes le sont au bon sens, les voitures anglaises au bonheur de l'ame, et la nouvelle cuisine à la bonne santé. Un sentiment même d'humanité réclame tendrement, et demande grâce pour tous les nouveaux termes : pour les supprimer il faudrait donc aussi desirer cruellement la suppression des choses intéressantes qu'ils désignent; ce serait alors attaquer un point sacré, l'état des personnes, ce serait vouloir anéantir toute la consistance de tant d'êtres moitié agréables, moitié importans, qui n'existent que par là, qui n'ont de langage bien décidé que ces termes, de principes que le costume, et dont tout le mérite serait perdu, toute l'existence anéantie, si cet univers devenait assez malheureux pour n'avoir plus ni gazes, ni paillettes, ni jolis chevaux, ni dentelles, ni fleurs d'Italie, ni boîtes à plusieurs *ors*, ni *élégantes*, ni *merveilleux*, ni *chenilles*.

Je conviens que le mal serait fort léger si nos acquisitions nouvelles se bornaient à ces noms ; ils iraient se ranger dans la classe de tous les mots techniques dont le dépôt littéraire de notre langue n'est point obligé de se charger. Les arts ont presque tous leur dictionnaire particulier ; et, d'ailleurs, dans ce temps si fécond en dictionnaires sans fin, on peut se flatter d'avoir incessamment le *Dictionnaire des modes*, grand ouvrage qui manque à notre littérature, et qui sera vraisemblablement un *Dictionnaire portatif in-seize*, pour la plus grande commodité du public ; cette entreprise serait d'autant plus belle, et la spéculation des entrepreneurs lettrés d'autant plus sûre, que la matière de l'ouvrage se renouvelant sans cesse, se variant, se rajeunissant, on pourrait donner un nouveau volume aux souscrivantes et aux souscripteurs, de mois en mois, tant que ce vieux cercle des *nouveautés* pourra tourner, ainsi que les têtes.

Tout cela n'est rien peut-être ; mais une acquisition plus réellement nuisible à notre langue, ainsi qu'à toutes celles qui partageraient le même abus, c'est cet art si répandu de parler sans avoir rien à dire, ces demi-mots, ce papillotage éternel d'épigrammes manquées, cette puérile fureur de ne point parler comme un autre, enfin ce ton décousu, sans idées raisonnables, sans suite aucune, dont il résulte que presque toutes les expressions ne sont que des modulations vagues que l'on imprime à l'air, sans porter la moindre pensée au bon sens, et que presque toutes les conversations, employées à faire de l'esprit, ou plutôt à en défaire, ne sont que des clarinettes et des tambourins entremêlés d'assez mauvaises paroles. Dans le temps, peu éloigné encore, où l'on était moins important, moins sublime, la conversation était le lien et le charme de la société ; aujourd'hui ce n'est presque plus un plaisir, c'est un travail, une suite de tours de force, un assaut général d'esprit tel quel, épigrammatique ou croyant l'être ; c'est un état de guerre et de prétentions, où l'on est en garde l'un contre l'autre : on se tend des piéges de mots ; et les ridicules donnés et rendus, coûtent d'autant moins, que chacun est bien en fonds. On s'entendait autrefois; souvent aujourd'hui non-seulement on ne fait plus de cas d'entendre les autres, mais on ne se fait pas l'honneur de s'entendre soi-même ; et sans doute tout le monde y gagne : l'art en ce genre est porté à un tel point de supériorité, que l'on pourrait parier, d'après le ton de ces êtres bruyans, si confians et si ridicules, que le nouveau langage appelle les *merveilleux*, les *mirliflors*, les *élégantes*, les *célestes*; oui, l'on pourrait parier qu'au moyen de leurs nouveaux termes et de leurs tournures nouvelles, avec tous les grands éclats de rire tristement gais, ils auront, où, et quand l'on voudra, une longue conversation soi-disant française, où il n'entrera point une seule phrase raisonnable de français.

Ce n'est pas tout encore ; il est d'autres acquisitions de notre langue, qui, pour avoir l'air de la richesse et de la grandeur, n'en sont pas moins pauvres ni moins mesquines ;

semblables en tout aux dehors fastueux de ce luxe qui n'est que le voile de la misère. Ces ruineuses possessions modernes sont, il est vrai, des expressions nationales, qui appartiennent de tout temps à notre langage, mais qui, dénaturées aujourd'hui par un emploi qui leur est étranger, dégradent la langue française, en lui ôtant sa justesse et sa précision.

Dans ce tourbillon, moitié lumineux et moitié obscur, qui nous enveloppe, nous secoue, et nous entraîne, les idées justes perdant leur niveau, les esprits étant exaltés, et l'engouement occupant toutes les places que le sentiment laisse vides; la langue, travestie, s'égare, se perd dans des termes vagues d'enthousiasme, des images excessives, des expressions exagérées, qui ne sont que des formules sonores, aussi fausses sur les lèvres que dans l'ame. A chaque instant, pour les choses les plus simples, les événemens les plus indifférens, pour des misères, pour des riens, on se dit *charmé, pénétré, comblé, transporté, enchanté*, ou *désolé, excédé, confondu, désespéré, anéanti*; on *est aux nues* ou l'on se *prosterne;* on est *à vos ordres*, *à vos pieds*, sans se soucier de vous le moins du monde ; on vous *adore* sans même vous respecter : dans la prétention de ne penser que fortement, de ne rien voir qu'en grand, on veut mettre à tout l'air de l'enivrement ou de la détestation, et surtout et toujours, l'air du génie, qui pourtant est bien innocent des idées et du style de tant de gens qui pensent en disposer.

La balance des jugemens et des réputations n'est plus rien; il n'est plus de milieu ni dans la pensée ni dans l'expression; tout est *charmant*, *merveilleux*, *incroyable*, *divin*, ou *affreux*, *pitoyable*, *odieux*, *exécrable*; tout ouvrage *est beau*, *de toute beauté*, *ravissant*, ou *détestable*; tout homme est *admirable*, *excellent*, *délicieux*, ou *maussade à donner des vapeurs*, *ennuyeux à périr*, *bête à manger du foin*; toute femme est *radieuse*, *céleste*, *adorable*, ou *ridicule à l'excès*, *du dernier ridicule*, *d'une bêtise amère*, *ennuyeuse à la mort*, enfin *une horreur*; à tout moment vous entendez répéter, *oh! c'est un homme unique!* hélas! souvent que ne l'est-il? mais tout fourmille de *gens uniques*.

Heureusement, avec toutes ces expressions

emphatiques, si enflées, si vides, on ne sent rien de tout ce que l'on prononce si pompeusement ; on est *enchanté* sans le savoir, et *désespéré* sans conséquence; mais le malheur est que beaucoup de gens, qui d'ailleurs pensent juste et parlent bien, se prêtent souvent eux-mêmes à ces brillantes façons de parler mal. Ne voyons que la vérité des objets, nous reprendrons le langage de chaque chose ; la justesse de l'idée nous rendra la propriété de l'expression. Ne chargeons point notre langue de bizarres superfluités, dont sa richesse peut se passer : pourquoi de doubles emplois? pourquoi, par exemple, les noms modernes et d'*amphigouris*, et de *parades*, et de *proverbes-dramatiques*, et de *charades*, et de *calembourgs*, et de leurs pareils ? tous ces noms ne sont réellement que des synonymes d'un terme reçu; le mot de *platitude* n'existait-il pas dans la langue française? il suffisait seul pour signifier et caractériser toutes ces ingénieuses inventions, l'aliment d'un goût malade, et l'esprit de ceux qui n'en ont guère.

Le mal à réparer dans la langue fait chaque jour de nouveaux progrès, et à l'exception de la cour, où le langage se conserve toujours plus simple et plus noble que parmi tout le bel-esprit de la capitale et les copies de la province, la contagion que j'indique est presque générale; il semble que, dans son genre, chaque art, chaque état gâte et dénature la langue pour sa part. L'éloquence nouvelle a ses énigmes, la poésie moderne a son jargon, la jurisprudence même et le barreau ont leur petit néologisme; et Cochin, Gilbert, et l'immortel d'Aguesseau, qui parlaient et écrivaient si noblement, seraient obligés aujourd'hui, s'ils revenaient parmi nous, de demander le mot de plusieurs logogriphes du nouveau style des plaidoyers et des mémoires. Dans toutes ces compilations monotones de prose et de vers, de littérature préceptorale, de tranchantes doctrines aventurées, de morale soi-disante, vous rencontrerez partout les expressions vagues des *besoins de l'ame*, des *jouissances de l'esprit*, de *la somme des maux*, que ces écrivains ne diminuent guère; et de *la somme des plaisirs*, dont on ne peut pas dire que leur style fasse les fonds; instituteurs au demeurant d'une si haute confiance, et d'une bonne foi d'amour-propre si respectable, que quand ils seraient fort ennuyeux à entendre, ils seraient toujours fort plaisans à voir. Au milieu des fleurs et des lauriers dont ils se couronnent de leurs mains, on vous charge la langue des inutiles noms de leur *manière*, de leur *faire*, de leur *genre*, *genre* surtout est le grand mot du temps : tout en refaisant des ouvrages déjà faits dont ils masquent les sources, tout en répétant en d'autres termes des choses déjà dites, tout en bourdonnant de sonores bagatelles bien ou mal rajeunies, ils se donnent modestement pour avoir leur *genre*, un *genre* à eux seuls dans la nature : tout est inondé de ces genres nouveaux-nés ; il en est tant qu'il ne serait guère possible de les classer par ordre, ni de les distinguer par nuance, si tous ces genres particuliers, et si particuliers, n'avaient, sans le vouloir, sans s'en douter, un point de ralliement, et ne venaient successivement se ranger sous un genre général, que le lecteur assoupi et peu galant appelle l'ennui. Pour user plus sobrement de ce terme de *genre*, que ces écrivains se disent quelquefois tout bas que les ouvrages d'esprit ne sont qu'un genre de bêtise quand on n'est qu'imitateur ou plagiaire, et que surtout la sévère et exigeante poésie n'a qu'un genre et qu'un mot, créer ou se taire.

La prétention néologique a gagné jusqu'aux élèves de cet art grave, utile, respectable, qui dans des mains sages combat par l'expérience les maux de l'humanité, et qui dans le langage moderne du charlatanisme semble avoir inventé de nos jours des maladies neuves pour employer de nouveaux termes : ce ne sont plus chez eux que des nerfs *agacés*, des nerfs *crispés*, du *ton* à rendre, un *système vaporeux* à débrouiller, des *vibrations* à mettre en mesure, de l'*énergie* à redonner aux solides, une *balance* égale aux liqueurs, du *baume aux esprits*, et surtout de l'*harmonie aux parties discordantes du genre nerveux*. Dans leur style la fièvre, terme trop bourgeois, ne se nomme plus dans sa force qu'une grande *fluctuation*, et dans ses décroissemens, qu'*une fin de tempête*, une *queue d'orage*. Bien plus, les termes de *brillant*, de *victorieux*, de *triomphant*, sont transportés et abaissés sur des objets où vous ne les attendiez guère. On imaginerait que tous les matins ces parleurs agréables, ces docteurs ambrés, avant que de se mettre en route pour distribuer élégamment la mort ou la vie, préparent une certaine ration de termes doctement jolis, un choix de tournures fraîches, pour se varier, pour ne point parler aujourd'hui comme ils parlaient hier, et composent en chemin le bulletin du jour avant que d'avoir vu le malade. Eh! mes amis, soyez des consolateurs, et non des *esprits ;* on vous demande des secours et non des épigrammes ; ne faisons point pétiller les lampions du bel-esprit sous le pâle flambeau de l'agonie, et ne mettons point de pompons au spectre de la mort.

Au risque, Messieurs, de vous donner à me reprocher de trop longs détails, je ne puis me défendre de relever et d'offrir à vos remarques une absurde innovation du langage dans un genre bien important au bien public, l'éducation, cette base de l'honneur et de la force des empires ; genre si négligé, où du changement des mœurs suit une foule de termes nouveaux dont notre langue est maussadement bigarrée. Le nouvel abus dont je veux parler ne fait que de naître, il est vrai; mais en le notant dès sa naissance, peut-être l'empêchera-t-on de s'étendre. Le temps n'est pas loin encore où l'on appelait les enfans de leur nom, quand après l'enfance on les habillait encore de l'habit français; aujourd'hui que la grande mode est de les déguiser, de les travestir au sortir de la lisière, de les mettre et petits *pierrots*, en petites *colombines*, en *scaramouches*, en *matelots*, en personnages bizarres, dont on leur fait prendre le ton, le maintien et les ridicules, que de *charmans* et sots petits noms on copie ou l'on invente pour les parer et les avilir! Ce n'est plus tel ou tel du nom de sa famille; on les appelle encore moins des noms sacrés qu'ils ont reçus de la religion; c'est *Finette*, c'est *Pierrot*, c'est *Jenni*, c'est *Florine*, c'est *Michaut*, c'est *Laurette*, c'est tout ce qui n'est pas eux, ou ce qui ne doit pas l'être : tels sont les titres que partagent et se disputent ces poupées chargées d'aigrettes, et ces automates panachés, qui sautillent sur les pelouses des jardins publics, que les gouvernantes cajolent, apprennent à se croire plus et mieux que les autres, à primer, et à se haïr à compte, en leur faisant disputer toutes les préférences, et en les habituant au sot et dangereux *égoïsme ;* terme honteux et moderne encore, que l'amitié, qui nous quitte, et l'amour de la patrie, presque éteint dans beaucoup d'ames dégénérées et de cœurs desséchés et flétris, ont rendu malheureusement nécessaire au langage de nos jours. De fort beaux et fort inutiles traités d'éducation plus ou moins neuve, à petits chapitres et à grands mots, sont là, j'en conviens, sur la cheminée de vos enfans, pour leur être expliqués par les bonnes, qui n'y comprennent rien, et qui ne leur ouvrent des livres que pour leur en montrer les images. Mais vous, qui croyez avoir tout fait quand vous avez masqué votre *bel enfant* de quelque joli nom de goût qui n'est pas le sien, de grâce, rappelez-vous quelquefois que vous devez à la patrie des citoyens, des ames, et non des marionnettes élégamment organisées; songez que ce pauvre *Michaut,* ce petit prodige d'aujourd'hui, qui, moins prodige et mieux élevé, un jour aurait pu être un homme, grâce à votre régime actuel, à quinze ou seize ans, marchera bien, à la vérité, se présentera noblement, dansera sans doute *comme les anges* (car c'est ainsi que le nouveau langage, qui fatigue la terre, profane les noms du ciel même); sans doute cocher intrépide, debout dans un *cabriolet*, ne voyant que lui-même, et répandant également sur son passage l'effroi, l'admiration, et le rire de pitié; il saura fendre la presse, se faire détester des passans, et s'embarrasser moins des hommes que de son cheval *anglais;* mais songez aussi qu'avec tous ces petits talens supérieurs, votre *élégant* ne sera dans sa brillante carrière que *monsieur le comte* ou *monsieur le marquis* honnêtement bête, et sot avec distinction. Et cette pauvre petite *Laurette* si jolie, qui mieux conduite aurait un jour valu quelque chose, que sera-t-elle quand elle aura été obéie dans toutes ses fantaisies, flattée dans toutes ses humeurs, applaudie dans ses bêtises, prônée à frais communs, toujours fêtée, toujours gâtée par les grands parens, leurs *familiers*, *l'abbé de la maison*, tous les sous-ordres complaisans, tous les bas valets ? sans doute cette brillante éducation donne les plus belles espérances qu'à quatorze ans *Laurette* sera par excellence la petite personne la plus impertinente, et qu'entrant ensuite dans le monde avec toutes les grâces, toute l'élégance et tous les ridicules, elle sera, comme on peut l'attendre, une épouse vertueuse, une mère digne de ce nom cher et sacré, une femme raisonnable. Les noms bizarres supprimés, donnez (on sera de votre goût), donnez, si vous voulez, à vos enfans l'écharpe, la fraise, le panache blanc de la nation ; mais sous cette livrée noble, sous ces couleurs de la patrie, sous cette parure galante et fière des temps de la franche et vertueuse chevalerie, ne façonnez plus des *pantins* d'un siècle frivole, ne les empoisonnez pas des mœurs amollies et dépravées qui vous environnent, et rougissez de préparer à la France une génération ginguette, mesquine et fluette, de personnages faux, de colifichets, et d'histrions.

Je ne me serais point livré à ce long détail amené par des noms ridicules, si l'intérêt des mœurs publiques, si essentielles à former dès l'enfance, ne méritait, quand l'occasion naturelle d'en parler se présente, une attention plus sérieuse encore que l'intérêt de la langue à défendre, ses pertes à déplorer, et ses nuisibles acquisitions à proscrire.

Si les mœurs commandent, si le langage obéit, quelle époque rendit jamais plus nécessaire la vigilance des conservateurs de la langue française? que deviendraient sa clarté, sa force, sa noblesse, son harmonie? quel ridicule et honteux travestissement subirait la langue du bon sens, du sentiment et de l'honneur, si malheureusement il pouvait arriver une époque où toutes les idées fussent arbitraires, où presque partout, au milieu des phosphores du petit bel-esprit, des bons airs, et des jolis mots, la vérité, l'inaltérable vérité restât délaissée comme une triste étrangère qui ne sait point la langue du jour, et que personne ne remarque?

A quel excès de délire, de bassesse et d'ignominie, serait prostituée la langue française, s'il pouvait arriver un temps où le ton frivole et l'air agréable autorisant tout, faisant tout passer, la raison de tous les temps fût traitée de petitesse, le bon esprit de simplicité, l'antique honneur de sottise bourgeoise; un temps où les ridicules mêmes fussent devenus des grâces, les vices des usages, les scandales de bons airs; l'impertinence un style, le bas esprit de l'intrigue un titre de génie, les perfidies des gentillesses, les noirceurs des plaisanteries; un temps enfin où l'on eût la douleur de rencontrer presque partout la méchanceté toujours basse, toujours active, la vile délation, l'affreuse calomnie, toutes les atrocités, toutes les horreurs, tous les poisons de l'envie et de la haine circulant dans le monde sous les vernis de l'agrément, environnés de guirlandes et cachés sous des roses? S'il pouvait arriver ce temps malheureux, alors sans doute, comme il n'y aurait plus ni vrai, ni faux, ni bien, ni mal, que selon la fantaisie, selon le ton des sociétés, et que rien ne partant plus des principes, tout serait devenu arbitraire dans l'exposé des faits et dans les jugemens des choses, le même jour donnerait au même objet l'empreinte de l'estime ou l'affiche du ridicule; le seul cachet de la vérité serait sans usage. Ce renversement, cette transposition de tous les titres, cette incertitude des réputations, cette confusion de toutes les idées, passant nécessairement dans la manière de les rendre, les expressions les plus claires ne signifieraient plus rien de décidé pour l'homme impartial, qui ne saurait plus que croire de ce qu'il entend, ni se démêler des gazes plus ou moins transparentes de la fausseté; et, s'il est permis de mêler à ces tristes images un trait moins grave, qui tranchera le ridicule de la position où le nouveau langage mettrait l'homme raisonnable que je suppose, il ne serait pas mal pour lui que, dans ses différentes visites, il trouvât d'abord chez *le suisse* le bulletin du jour, et le signalement de la maîtresse de la maison.

Alors donc, la langue de la raison et de la décence, corrompue, avilie, profanée, et n'ayant plus à rendre que des idées fausses ou basses, serait condamnée à parer tout au plus de quelques ineptes gentillesses, cette trivialité de langage qui gagnerait le peuple de tous les rangs; les moindres défauts de la langue seraient d'être devenue faible, incertaine, entortillée, énigmatique, maniérée. Pour n'offrir qu'un exemple au hasard de ce qui pourrait arriver en ce genre, dire tout simplement alors *un honnête homme*, cela serait presque passé de mode, soit qu'il fût trop bourgeois de l'être, ou trop plat de prononcer ce nom; mais, comme par un reste de pudeur involontaire dont la déraison et le vice même ne peuvent se défaire, on voudrait conserver une nuance de la dénomination antique, on entendrait dire partout d'un ton doucereux et faux : C'est un *homme honnête,* une *honnête créature,* et quelle honnêteté ! des cœurs faux, des amis perfides, de bas protégés, des valets de tous les ordres, des hommes tarés, des femmes affichées ; tout ce monde *charmant*, affreux, voilà donc ce que l'on entendrait nommer partout *de très-honnêtes créatures !*

Alors enfin, si cette honteuse époque pouvait arriver.... si l'on y touchait... si même... Au reste, dans toutes les suppositions, cette bassesse de mœurs, ce comble de la déraison, cette absurde métamorphose des idées, ce vil travestissement du langage, n'étendraient point leur extravagance et leur opprobre sur le corps de la nation ; le seul mal serait qu'au milieu d'une nation vertueuse, franche, généreuse, aimable, et dans laquelle tous ces caractères français se perpétuent sans altération, il existe et circule une foule d'êtres manqués, gens sans principes, sans caractère, et indignes du nom de leur patrie, peuple mélangé de bas intrigans, d'ames viles et noires, d'insectes dorés, de chenilles et d'espèces, n'ayant que l'intérêt pour esprit, la fausseté pour langage, et la soif de l'or pour existence. A ce malheur trop réel se joindrait le triste ridicule de tout cet autre petit peuple *pomponné*, moitié en toupets *à la grecque*, et moitié à plumes flottantes, tumultueux essaim de freluquets lourds et de suffisantes péronnelles ; peuple prétendu *charmant*, jouant l'*esprit* sans avoir de sens commun, chantant faux par les chemins, imaginant partout donner le ton qui n'est pris que par les *vieux enfans*, croyant faire l'ornement et le bonheur de la terre, dont il n'est que le fardeau et l'ennui, préférant les bons airs aux bonnes mœurs, affichant l'indécence, voué à la fausseté, et n'ayant d'ailleurs pour bourdonner tout le jour que quelques vagues expressions toujours les mêmes, quelques petites tournures répétées, comme les serinettes n'ont pour tout mérite qu'un très-petit nombre d'airs, qui peuvent plaire un instant, mais qui ennuient à la reprise.

Quoi qu'il en soit, protestons, du moins par goût et par devoir, protestons sous les voûtes de ce palais, au nom de la langue française, contre toute violation de sa pureté, toute dégradation de sa noblesse, et toute métamorphose de sa parure naturelle et durable en clinquans éphémères et en pompons bientôt flétris.

Réparons ses pertes réelles, s'il est possible; et si, pour nous défaire de ses nuisibles acquisitions en mots et en tournures, nous ne pouvons pas trop nous en fier à la mode, qui, en les anéantissant, nous en ramènerait bientôt d'autres du même ton, de la même nécessité; si le pouvoir littéraire qui nous est confié ne peut s'étendre sur ces salons où l'on ramage, sur ces toilettes où l'on déraisonne, sur ces jardins publics où l'on pérore avec tant de vérité, sur ces soupers fins où l'on bâille avec tant d'esprit ; que du moins nos écrits, et ceux des jeunes auteurs, l'espérance de l'Académie, que nos écrits, toujours purs, francs et saints, au milieu de la contagion, soient des digues au mauvais goût, des barrières insurmontables à l'invasion du mauvais style, ainsi qu'au dépérissement de la raison et à la décadence des mœurs.

Que l'Europe littéraire puisse connaître notre réclamation contre l'abus des termes. Tous les étrangers qui étudient notre langue, devenue celle de toutes les cours de l'Europe, apprendront par cette protestation, toute faible qu'elle est, que l'Académie française n'adopte rien du moderne jargon.

Au milieu des proscriptions nécessaires que ne pouvons-nous du moins enrichir quelquefois le dictionnaire de la France par de nouvelles expressions du genre de deux termes modernes qui honorent la raison et la patrie! le premier est le terme de BONHOMIE; puisse ce nom sensible et cher, resté dans notre langue, revenir dans nos mœurs! Soyons moins sublimes, nous serons plus heureux; soyons Français, soyons nous-mêmes, abandonnons la ridicule manie de porter sur les bords de la Seine l'uniforme de la Tamise, et que des modèles ne se rabaissent plus à n'être que des copistes. Puissions-nous du sein de ces nuages, voir renaître et rayonner cette vérité de l'ame, cette franchise nationale, et cette bonne gaieté française qui, fuyant toujours les glaces de l'importance, l'air nébuleux de l'intrigue, et les sombres vapeurs des *gens à prétentions*, ne brille que pour les cœurs vrais, les gens aimables, les bonnes gens! Le titre de BONHOMIE ne peut être une injure que pour la médiocrité; lisez, consultez tous les temps, les hommes vraiment estimables, les gens illustres à juste titre, et, dans tous les genres, les hommes de génie, ont toujours été de bonnes gens.

Un autre terme également cher au langage du cœur et à l'expression de la félicité publique, c'est le terme attendrissant de BIENFAISANCE. Si ce mot n'existait point déjà dans l'usage de notre langue, il faudrait le créer aujourd'hui pour pouvoir bien exprimer le règne auguste et fortuné qui commence, et pour peindre d'un trait la sensibilité sur le trône et les Grâces couronnées.

FIN DU TOME TROISIÈME.

TABLE

DES PIÈCES CONTENUES DANS CE VOLUME.

ODES.

Ode première. Au Roi, sur la Guerre, page 1
Ode II. Sur l'Amour de la Patrie, 9
Ode III. A M. le duc de Saint-Aignan, ambassadeur de France à Rome, 16
Ode IV. A M. l'Archevêque de Tours, 21
Ode V. Sur la canonisation des Saints Stanislas Kostka, et Louis de Gonzague, 25
Ode VI. A une Dame, sur la mort de sa fille, religieuse à A***, 30
Ode VII. Sur l'Ingratitude, 37
Ode VIII. Au roi Stanislas, 43
Ode IX. Sur la convalescence du Roi, 48
Ode X. Sur la Médiocrité, 53
Ode XI. A Virgile, sur la poésie champêtre, 58

ÉGLOGUES.

Avertissement sur les Églogues de Virgile, 67
Églogue première. Tityre, 71

TABLE.

Églogue II. Iris, page	77
Églogue III. Palémon, combat pastoral,	82
Églogue IV. L'horoscope de Marcellus, fils d'Octavie sœur d'Auguste,	91
Églogue V. Daphnis,	97
Églogue VI. Silène,	106
Églogue VII. Mélibée, dispute pastorale,	114
Églogue VIII. Les regrets de Damon, et le sacrifice magique,	119
Églogue IX. Mœris,	127
Églogue X. Gallus,	134
Le Siècle pastoral, idylle,	140

Discours prononcé à l'Académie française, par l'auteur, le jour de sa réception, à la place de M. Danchet, le 4 avril 1748,	148
Discours sur l'Harmonie,	161
Lettre sur la Comédie, à M. ***,	230
Lettre de Gresset à M. ****,	241
Réponse de Gresset, directeur de l'Académie française, au discours de réception de M. Suard, le 4 août 1774,	251

FIN DE LA TABLE ET DU DERNIER VOLUME.

IMPRIMERIE DE DEMONVILLE.

www.ingramcontent.com/pod-product-compliance
Lightning Source LLC
Chambersburg PA
CBHW070746170426
43200CB00007B/674